吴瑞甫家書（外一種）

吴錫璜·撰

同文書庫·厦門文獻系列 第三輯 貳

厦门大学出版社
XIAMEN UNIVERSITY PRESS
国家一级出版社
全国百佳图书出版单位

图书在版编目(CIP)数据

吴瑞甫家书:外一种/吴锡璜撰. —厦门:厦门大学出版社,2018.9
(同文书库.厦门文献系列.第三辑)
ISBN 978-7-5615-6987-0

Ⅰ.①吴…　Ⅱ.①吴…　Ⅲ.①吴瑞甫(1872—1952)—书信集　Ⅳ.①K826.2

中国版本图书馆 CIP 数据核字(2018)第 196371 号

出 版 人　郑文礼
责任编辑　薛鹏志　章木良
封面设计　李嘉彬
技术编辑　朱　楷

出版发行　厦门大学出版社
社　　址　厦门市软件园二期望海路 39 号
邮政编码　361008
总 编 办　0592-2182177　0592-2181406(传真)
营销中心　0592-2184458　0592-2181365
网　　址　http://www.xmupress.com
邮　　箱　xmupress@126.com
印　　刷　厦门集大印刷厂

开本　787 mm×1 092 mm　1/16
印张　14
插页　4
字数　200 千字
版次　2018 年 9 月第 1 版
印次　2018 年 9 月第 1 次印刷
定价　200.00 元

厦门大学出版社
微信二维码

厦门大学出版社
微博二维码

總　編：
中共廈門市委宣傳部
廈門市社會科學界聯合會

執行編輯：
廈門市社會科學院

『同文書庫·廈門文獻系列』編輯委員會

顧　問：
葉重耕

編　委：
何瑞福　周　旻　洪卜仁　何丙仲　洪峻峰　謝　泳　鈔曉鴻　陳　峰　李　楨　李文泰

主　編：
何瑞福

副主編：
洪峻峰　李　楨

名中医吴瑞甫先生举人,避世为名医,迎接革命开城沙,闽春医书倾城赞,国粹节操,惟首义口周旻恭绘。

· 吴锡璜（國畫 周旻作）

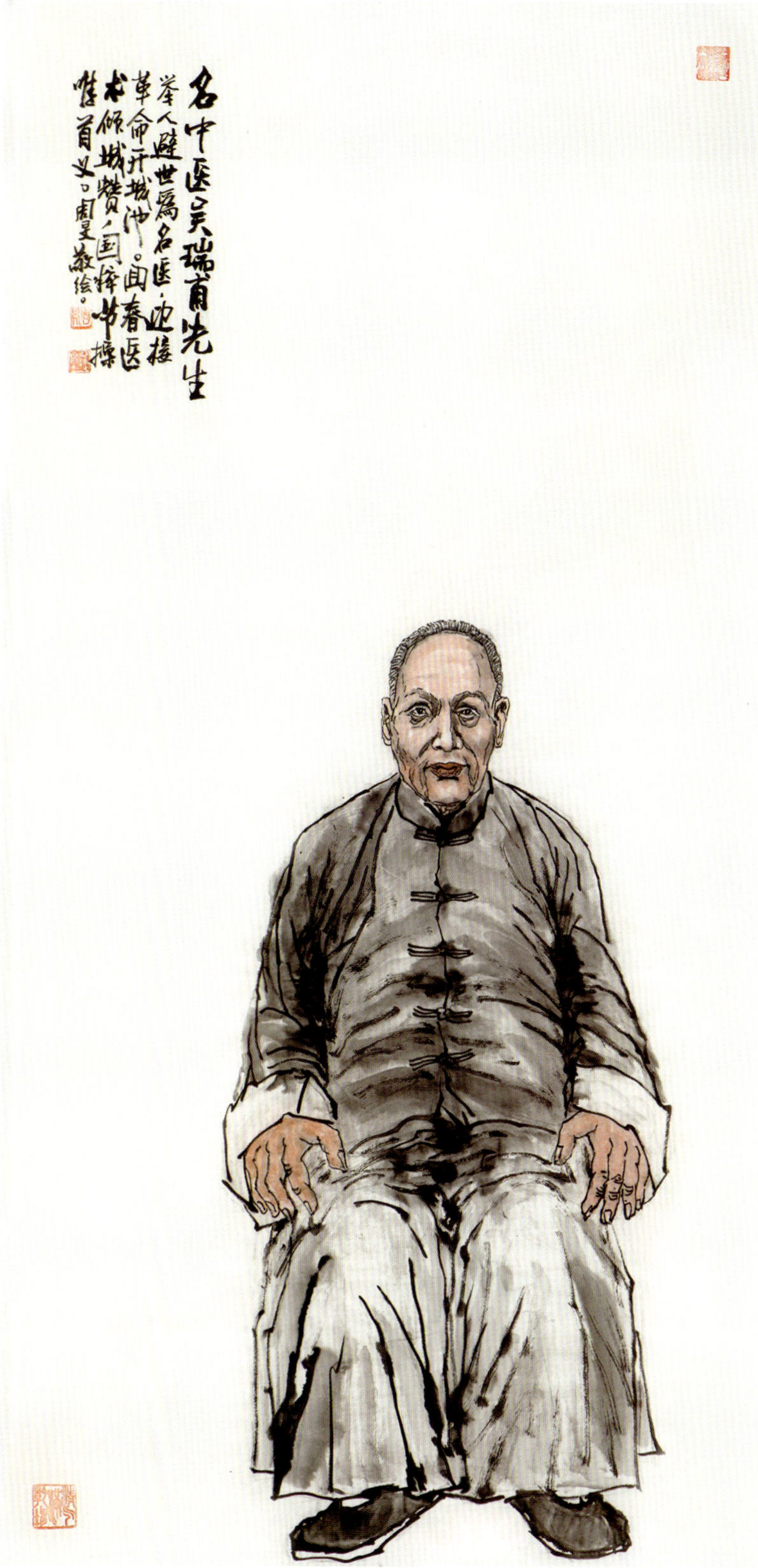

目錄

前言

本輯收《吳瑞甫家書》和吳瑞甫撰《衛生學講義》兩種，現將作者、家書來源及相關情況稍作説明。

一、作者生平

吳瑞甫（一八七二—一九五二），名錫璜，字瑞甫，號黼堂，别署孚塘。厦門同安區同禾鄉石潯村人，世居同安縣城後爐街，世代醫家。吳瑞甫著述甚多，中醫兼通西理，在中醫實踐及中醫教育方面貢獻卓著，培養了大批中醫人才，在民國醫界享有盛名。

吳瑞甫自幼聰穎好學，早年舉孝廉，十四歲奉父命學醫，博覽歷代醫書，精研思考。三十二歲中舉，因淡泊功名，遂在同安懸壺濟世，曾評注、校訂宋代醫書《聖濟總錄》《三因方》。吳瑞甫也是辛亥元老，早年參加過同盟會。民國十二年（一九二三）主編《同安縣誌》。

吳瑞甫長期在厦門行醫，民國十八年（一九二九）創辦厦門醫學講習所；民國二十年（一九三一），任厦門中央國醫支館館長，同時發起創辦厦門國醫專門學校，自任校長，大力培養中醫人才。吳瑞甫自編講義《傷寒綱要講義》《診斷學講義》《衛生學講義》《四時感症》《中醫生理學》《中醫病理學》《傳染雜病學》等，此外還主編《厦門醫藥月刊》《國醫旬刊》等醫學雜誌。

抗戰全面爆發後，日軍佔領厦門，吴瑞甫避居鼓浪嶼。一九三九年，為拒絕出任偽厦門市長，於五月間取道香港，避難新加坡，在新加坡同安會館行醫。行醫之余，吴瑞甫創辦中醫學會並被推舉為主席，同時兼任厦門公會義務醫師，並以古稀之年主編《醫粹》《醫統》《醫經先聲》等雜誌，積極籌建新加坡國醫專門學校和醫學圖書館，成為新加坡中醫界公認的『國醫名家』。一九五二年一月十三日在新加坡逝世。

二、著述

吴瑞甫是清代末科舉人，詩書皆有很高修養。他生平未印詩文集，但有詩文散見於其他文人集中，如《己醜生得子唱和集》中即有其作品。吴瑞甫著述主要是醫書，早年由上海文瑞樓書莊刊行，現擇要簡介以保存史料。

吴瑞甫校正過宋代重要醫學著作《聖濟總錄》，由此可見其整體中醫修養。當年刊印此書的一則廣告對此有詳細説明。廣告雖難免溢美，但以一人之力校正此書，實在難得。廣告如下：

> 《聖濟總錄》一書，為宋正和奉敕撰刊頒行天下，奉為金科玉律久矣，著為令典。書凡三百卷，文二百余萬言，論簡而精，方博而要。凡食治針灸、湯醴、漬浴、按摩、熨引、導引、砭石，無不兼

綜條貫。傷寒吐血，肺勞、兒科、婦科、外科，尤為特色，洵我國數千年來獨一無二之巨著。十三科醫學最完全明備之書。惜靖康之變，版毀無存，四庫全書收載纂要，指以未睹原書為憾，則其書寶貴可知。本莊以是書為我國、為國粹學，特不惜重貲，始得元大德四年集賢學士焦養直所刻本函付石印，以饗醫界。吾國醫學雖非由科學而來，而經驗之宏，藥品之多，為五洲冠。是書包羅富有，於治病各科，有條不紊，醫學家得此書而習之，不難窮源竟委。為原原本本之學，本莊又請閩中儒醫吳黼堂先生詳加校勘。凡有志研究之醫學家及熱心愛國之衛生家，無論何項疑難雜症，既可引症用藥，又可卻病保身，誠不可不備之要書也。茲將總目披露於後。其餘子目繁富，難以備載。用上等中國連史紙精繕石印，業已出版，分訂六十冊，精裝六函，為普及計，發售特價，定價二十八元，特價洋十六元六角，外埠函購加郵費六角，存書不多，欲購請速。

由廣告對吳瑞甫的推重，可見其在民國中醫界的地位。

《陳無擇〈三因方〉》也是宋代著名醫書，吳瑞甫在一九二七年間，詳細校訂此書。據文瑞樓出版廣告說：

宋淳熙陳言著《三因極一病例證方論》，分為十八卷，其說分為三因：一內因，一外因，一不內外因也。四庫全書稱為條理分明，方論簡要，為世推重，久乏刊行，醫學家往往以善價覓求而不易睹。閩中吳黼堂先生又以中東西學說，隨各門逐條評註，氣化形質，闡發入微，為醫門別開生面。又於古人不治症，補經驗方法，洵醫林精本也。莊覓得家藏抄本，用上等中國連史紙，精繕石印，有志中西醫學者，幸望先睹為快焉。裝訂八冊，訂價二元。

吳瑞甫校訂的兩部宋代醫書，在當時非常難得，經由這次校訂後，才有更多讀者獲睹此書，實為中醫界功德無量之事。此書收入臺灣『中國醫藥叢書』，有一九九一年臺聯國風出版社據文瑞樓影印本。

一九二一年，吳瑞甫的另一部醫學專書《中西溫熱串解》刊行，當時的介紹如下：

書為福建同安吳黼堂孝廉撰述。書凡八卷。先生係現代閩中儒醫。生平評註醫籍，著作等身。精研東西洋醫學醫理，博稽考訂，不遺餘力，是不特於東西學說，多所折衷，即我國學說，經先生從實驗中推勘者，靡不簇簇生新。確有實效，視漢唐以下舊註醫籍，從模糊影響中揣測者，相去奚啻霄壤，真我國治溫熱獨一無二之精本。醫學家能讀此書，臨證以治溫病，自有得心應手之妙。（全書六冊布套，價洋二元四角）

此書收入王致譜主編的『民國名醫著作精華』，由劉德榮、金麗點校排印，二〇〇六年福建科學技術出版社出版。

一九二二年刊行的《中風論》，在吳瑞甫個人醫學著述中非常重要，文瑞樓書莊這樣推薦：

閩同安孝廉吳錫璜撰，是書為熊叔陵原本，福建長樂名醫陳修園鑒定。立論語語精粹，以治中風大症靡不藥到回春，吳黼堂先生經屢試神驗，又積其平生所閱歷、治效，大加刪補，擷中西學說而會其通，舉凡臟腑功用，腦病源流，與夫經氣、宗氣、衛氣、營氣，均能探源立論，且與中風看護法、辨證法、施治法、善後法、外治法，無不體會入微，洞中竅要，洵中國獨一無二治中風之善本也。凡講貫中西醫者，能家置一編，以之臨症處方，自有大驗。用中國連史紙精印裝訂二冊，定價大洋八角。

《中西脈學講義》，一函兩冊，一九二二年印行。文瑞樓書莊廣告說明：

書為閩同安吳黼堂孝廉撰述。孝廉先代皆以醫名，先生又以名儒兼精醫理。竊惟脈學者，診病之源，至關緊要。先生以諸脈書多非善本，及取前代脈學各方籍，擇其精切有據足徵實用者，參之西說以會其通。舉凡常法、變法、新久病法及察脈各玄機，大率皆舊訣所未見及之。本書於微妙中益參微妙，精緻中更求精緻，其視舊訣細切與否，實驗與否，讀者自能言之。及書成，因名之曰《中西脈學講義》，不謂脈訣而謂脈學，因近世各省醫學校以次成立，將與新醫校講新脈學也。此書一出，脈學必有定論，不致如前之家自為說也。其有裨益我國醫學之前途，豈鮮淺哉！用上等中國連史紙精印裝訂兩冊，定價大洋八角。

《奇驗喉證明辨》，全稱《新訂奇驗喉證明辨》。一九二五年文瑞樓書莊印行，後收入『福建歷代名醫著作珍本叢書』，由陳玉鵬、溫建恩、劉德榮校註排印，線裝書局二〇一一年出版。

《診斷學講義》，福建私立厦門國醫專門學校講義，由其子吳樹萱、吳樹潭和侄孫吳慶福整理。一九三六年鉛印線裝一冊。該書有臺灣新文豐一九七七年影印本。

《傷寒綱要講義》，福建私立厦門國醫專門學校講義，由其子吳樹萱、吳樹潭和侄孫吳慶福整理，一九三六年鉛印線裝一冊。該書有臺灣新文豐一九八五年影印本。

《四時感症講義》，福建私立厦門國醫專門學校講義，由其子吳樹萱、吳樹潭和侄孫吳慶福整理，一九三六年鉛印線裝一冊。該書有臺灣新文豐一九八〇年排印本。另有《四時感症論》，一九八一年新加坡中醫學研究院印行。

《吴瑞甫喉科經驗臨床應用》，吴樹義口述，張澤民整理，福建省衛生廳中醫處、厦門衛生局吴瑞甫學術研究領導小組編印，一九八三年内部印行。

《外科理法》，廖雅彬、柯聯才整理。福建省衛生廳中醫處、厦門衛生局吴瑞甫學術研究領導小組編印，一九八三年内部印行。

三、家書

《吴瑞甫家書》，二〇一一年夏天得自厦門舊書賈陳建夥先生處，現據藏家原件輯録。因原件當時為散亂檔，且有零散書信已在網上售出，所以本輯《吴瑞甫家書》只是散亂家書初步輯録，無系統且不完整。刊行目的是保存鄉邦文獻並供研究者及時使用。因原信散亂，現據信箋形制輯為兩部分，一是吴瑞甫用新加坡行醫時自製信箋『中醫吴瑞甫用箋』，這部分顯然是吴瑞甫避難新加坡後的來信。二是用『厦門協美造』信箋，大體可判斷為吴瑞甫初到新加坡時所寄家書，原信周邊多已裁剪且有部分殘破。因舊時書信習慣不署具體年代，所以家書前後時間只大體排列，錯置在所難免。『中醫吴瑞甫用箋』部分，就時間言，應在『厦門協美造』信箋之後，現排在前面，系據藏者習慣（因此部分保存基本完好），而『厦門協美造』信箋部分，多有殘破且有斷箋零片情況，故排列在後。全部家書時間，大體為吴瑞甫一九三九年六月避居新加坡後，給五弟吴珣甫、長子吴啟祥、長孫吴樹懷及其他親屬之信，共一百四十四通左右，家書截止時間約在一九四四年。

家書一般保存在親屬處，吳瑞甫家書何以散落舊書肆？據廖雅彬《吳瑞甫家書遺方》一文所言：『作者從吳瑞甫先生由新加坡寄回的家書中，發現許多有關答覆來函問診及處方用藥等手稿，對於研究吳老的醫療經驗，不無裨益。』（福建衛生廳中醫處、廈門衛生局吳瑞甫學術研究領導小組編印《吳瑞甫學術研究文選》第八〇頁，一九八三年）據此可以判斷，這批家書真實性無疑，散出源頭，大概和編輯《吳瑞甫學術研究文選》有關，無論如何，家書未化為紙漿即是幸事。

書信歷來是研究歷史人物的首選史料，因其私密性及真實性，在保存客觀史料方面最為重要。吳瑞甫家書無疑是今後最重要的吳氏傳記史料。

《吳瑞甫家書》內容非常豐富。首先其中有不少寶貴的醫方。這些醫方能夠保存下來，全賴這批書信，如能詳加整理，對理解吳瑞甫的醫學經驗和醫術均有幫助。其次是地方文史資料。戰時新加坡與廈門往來情況，涉及金融、郵政、稅收、房產等等，家書中均有真實記載，可謂抗戰期間廈門與外界交往的重要補充史料。如吳瑞甫家書在一封家書中提及當時情況：『此間防務，儘量整理，移家回國者頗多。不知將來局面如何？令人難測。甚恐海面封鎖，則將來銀信必覺困難。余每提前備寄，正為此故。』由吳瑞甫家書中的細節，還可看出這位著名中醫對國家的感情和氣節。在致吳珣甫的信中，吳瑞甫告誡家人：『廈壯丁兵操，自十餘歲至三十五歲，限制頗嚴，值此時機，亦國民應盡之天職，甚已抽入義勇隊且有作常備軍者，民間風氣大開，殊好現象，特其母或妻不免涕泣，乃婦人之見，此無足怪也。吾弟對於時事屢抱隱憂，縱以慎重為要。』

書信是重要的傳記資料，由下面家書可知吳瑞甫初到新加坡的處境，同時也能瞭解他對時局的全面觀察。吳瑞甫在信中說：

啟祥長孫知悉：近有人來言汝母囑其到叻後向余言，謂余須速歸。一則汝祖媽尚未歸土，汝五叔公年老行走不便；一則厦門業產紛如亂絲，須回家整理；一則汝等余當再任教督之責，今均明瞭，亦屬當務之急，自應一一施行。但比近今世界，無一片幹淨土，大家值此時局，能得偷安過日，便是大大福氣，否則生者且無法照顧，何論死者？現海面船舶危險萬狀，英國商輪艾波號經中水雷沉沒，搭客及辦事人等，一概死亡，何從來往？即云厦門業產糾紛，汝得收稅，隨便的收。縱雖難收，亦看破就是。但若有人照契，汝可言寄在余處。惟明三借契，從前有收回否？余前屢次詢及競未照復，今者世界紛紛，無論何地方，大家都看破，無從處理，亦無從計較也。教兒孫一節，余年雖老，無時敢忘，特水途遼遠，阻礙甚多，老人斷無冒險之理，即冒險安抵家鄉，衣食亦為發生問題。在外洋街衢亦稍平靖，生意尚在，不堪設想。余亦不貪戀久居，稍有時機，亦即速返，可免介此，順由中國銀行付其港幣捌拾壹元洋角正，到即照收。以拾元交汝三姆婆，以拾元交汝五叔公，餘歸家用。余為汝號一書名為長其（取詩經長髮，其祥用號字為啟垚），號一書名為舜其（取古人堯舜名義）。此後若有家信，寫此名可照收。若刻印可刻長其二字（不用字型大小），以此乃（字名免用姓）若大名（別於乳名）後日再號。此達　孚塘　叻示　六月二號覆信

信內信後均寫孚塘　方不致誤

《吳瑞甫家書》雖不完整，但大體記錄了他初到新加坡期間的真實生存狀態及心境，對於還原那一段歷史有不可忽視的重要性。《吳瑞甫家書》信筆寫來，自然流暢，靈動飄逸，也是精美的書法作品，有很高的藝術價值。

四、《衛生學講義》

該書是一九三六年六月吳瑞甫在福建私立厦門國醫專門學校講義，由其子吳樹萱、吳樹潭和侄孫吳慶福整理，鉛印線裝一冊。書前有林國賡題辭，後有吳錫琮、余少文序言各一。余少文評價此書：『以哲理衛生冠於篇首，次則融會古今中外諸衛生學説，折衷至當，欲讀是書者養成高尚人格，鍛煉健全身體以保國而强種，粹然儒者之言，其功非淺鮮也。』其子吳樹萱在書後跋語中認為此書：『多融會中東西學説及諸子百家磨練而成，而注重於道德之衛生。此書出，以之作學校課本，於世道人心不無裨益。』此書至今未見任何形式重印本。

吳瑞甫是傳統中醫，但對現代西醫醫理也有研究。本書雖然多講生理衛生，但同時也涉及土地衛生、起居衛生等，實際已具現代環保意識，只不過沒有用此名詞。同時吳瑞甫也具現代公共衛生理念，他在《公眾之衛生》一文中指出：『個人衛生，家庭之事也；公眾之衛生，社會之事也。無公眾之衛生，縱一家庭間清潔消毒，事無不舉。到疫癘盛行期間，終必受累，可知衛生斷非個人所能為力。近世交通便捷，鐵路輪船，往來如織，雖數萬里之遥，傳染病蔓延甚易，則對於公眾衛生，其必加意嚴防，周密設備，以保人民之安全者，尤刻不容緩。所以公眾衛生者，乃以進人民於健康，謀社會之福利，而地方得以系榮。』吳瑞甫對現代防疫觀念及建立相應制度也有周全考慮。通觀全書，可看出二十世紀三十年代一個傳統中醫全面的現代知識。

謝泳

二〇一八年一月十七日於廈門

吴瑞甫家書

吴錫璜　撰

新加坡
同安會館 電話七六一六號
福昌酒行 電話四五五九號

中醫吳瑞甫用箋

醫寓：赫絲街一六七號同安會館
奚米洛律三九號福昌酒行

Tong An Association,
Tel. No. 7616
Hock Cheong Distillery,
Tel. No. 4559

Address: Tong An Association,
No. 167, Cecil Street, S'pore.
Hock Cheong Distillery,
No. 39, Have Lock Road, S'pore.

第 壹 號 第 一 頁

字示邵祥孫知悉。十一月十六日由信局匯去十二月家費肆佰員（國幣）。
本月四日又由協和信局去貳佰元（國幣）以抵汝父葬費，想經收入。後信
在途可卜知。余於前日又匯交汝五姊公費肆佰金（國幣）為平潭[illegible]，去春亦令
汝恆往該鄉學習生理，及賬簿經寫信與汝五姊公再三叮嚀，
令其將汝恆入店。余年已老，為久遠計，必須兒孫姪孫皆有能
能自立，方可免人眼前無少之資，不足慮也。至於閩家年關
應交寄之費，余已另寄與汝五姊公，囑其收此即代
交。費因老人家值此時間正事不便，未便再[illegible]

一九 年 月 日

星洲華南印務公司承印

新加坡
同安會館 電話七六一六號
福昌酒行 電話四五五九號

中醫吳瑞甫用箋

醫寓：絲絲街一六七號同安會館
奚米珞律三九號福昌酒行

Tong An Association,
Tel. No. 7616
Hock Cheong Distillery,
Tel. No. 4559

Address: Tong An Association,
No. 167, Cecil Street, S'pore.
Hock Cheong Distillery,
No. 39, Have Lock Road, S'pore.

第東號 第二頁

神佑，此刻不復再熱矣。歷甚三日瘧已愈，啟五叔公有再來巡視，甚心甚慰。若久瘧面色已晄白，唇舌已不紅，可食鷄卵霜數日。不能吞丸服霜丸者可用開水或茶化勻送下，能吞丸則服丸。再食鷄湯、米飯、豬肝，第須囑五叔公商之，不可孟浪。如許再付大國幣錢伍角以作正月家費，由紹昌行局照辦，則印壹收條為要。仿由編歸，由正月起再以第一歸起算，移為作白了當此示。

壽甫寫錢而往局匯，汝叔復往未來，至十二月家費四伍元已收接。示汝祖母並致家寫書，方以作字，校因紙未備，故作印寄。

祖瑞甫書

一九民廿九年國十二月十九日
旧十一月廿一日

星洲華南印務公司承印

新加坡

同安會館　電話七六一六號
福昌酒行　電話四五五九號

中醫吳瑞甫用箋

醫寓：絲絲街一六七號同安會館
奚米洛律三九號福昌酒行

Tong An Association,
Tel. No. 7616
Hock Cheong Distillery,
Tel. No. 4559

Address: Tong An Association, No. 167, Cecil Street, S'pce. Hock Cheong Distillery. No. 39, Have Lock Road, S'pore.

本年正月信由第一號再起

第 壹 號 第 頁

字示榛兒知悉：本月初十日接汝十月二十日所發信一張（此是九十月廿六日寄，計廿六日始到同安，共四十日；廿六日發信到此），十五日接汝十月廿六日所發（此是十月廿六日所寄，共廿四日始到此，此信早二日到同安）信一張，俱已收到。古書進步，至於汝字從前亦未有也。汝寫信不能清楚，一如慈諭（慈字本指母，如稱父，須寫嚴諭）。不甚瑣用（言用財也須，字宜改需字），人惟筆誤（寫作世事），人前語氣子細，寫信均錯誤。信中亦宜寫父親大人，不寫余名姓之理，此乃寫信一定之法也。信皮寫名姓，則合來書所說，項已照數分發。此乃出外人年底兩親族相探，稍送年禮。大家皆是非種命，如吳曹氏田寶來代三四言，五嬸自八月不安，伏枕飲食，他全家已饑餓死，已易函勸五嬸，速照分給來回兩月（伊十一月份之作），余項候寫在號寄。款此三十元之不敷原樣不可，總汝該須照發至要。至於三嬸之款在號子欲備寄，候仍須先匯寄。逢春擬元之事，未免太貴，余已寫信令其停寄，款存在號，明年此間無事，則分別寄還。

父嚴
母慈
一並字白

一九　年　月　日

星洲南華印務公司承印

新加坡
同安會館 電話七六一六號
福昌酒行 電話四五五九號

中醫吳瑞甫用箋

醫寓：蔴絲街一六七號同安會館
溪米洛律三九號福昌酒行

Tong An Association,
Tel. No. 7616.
Hock Cheong Distillery,
Tel. No. 4559.

Address: Tong An Association, No. 167, Cecil Street, S'pore.
Hock Cheong Distillery, No. 39, Have Lock Road, S'pore.

柏居地要五年
前年你速要
之之

第 號 第 頁

不覺吵汝母款，而不能使將來心無所安，緣此時形勢未定，即商
人治諸多厥屬甚爲不佳，或者如華僑銀行亦然。此銀行存千百乃乃利害極幣乃是
柏居地切切購買汝母欲久居住，均言須積蓄與欲為諸兒長子孫計，
在余接算太居之地度地而好，欲而不久居，惟其同風俗殊佳，該地近在廈
門將來重新建築俾兒孫有可以讀書樓座，年長將來自有房
屋，目前買銀屋價錢近三萬，在星加坡銀不過三四十元，以三四十元買一片甚
廣闊之地自居便宜，婦人淺見不能謀遠也，昨來信言汝母不合之意諭所
不好，余到星從此月起實收無人從算已四千餘國幣，在此間雖擔數
寄款而每日所識與前月間年甚差異，就八月算起到年底或到萬金，
未一定。最大宗有此八千可以入手，又行處衣食及三姆之寄款，耶無再寄去國
幣五十元，又因物價昂貴，可就五十元內權出拾元惠贈崇樓三姆仙賞查收
又將我元錢四十元交汝母留作家費，汝又需用向汝母支取可也。務要問
僅一百六十元，即可寄國幣一千元。余按此次共國幣寄中國銀行，在同安不買書
余不多寄，以有積存久，而成舊諸長子孫不應之費，俟更有之，此致 順頌 近安
兒敦年安，並前大少奶好，余心甚無此以

父瑞甫手書

汝母及五妹亦作本午收接到了家

八月初五

一九 年 月 日

硬脾要方
黨參三錢　白朮一錢　茯苓三錢
四陳八分　桃仁二錢　炒別甲三錢
查炭三錢　莪朮一錢　炙草一錢
川[illegible]七分　[illegible]
亦消

新加坡　同安會館　電話七六一六號　福昌酒行　電話四五五九號

中醫吳瑞甫用箋

館會安同號一六一街絲吡　行酒昌福號九三街米吡

Tong An Association, Tel. No. 7616

Hock Cheong Distillery, Tel. No. 4559

Address: Tong An Association, No. 167, Cecil Street, S'pore. Hock Cheong Distillery, No. 39, Boat Lock Road, S'pore.

第　號第貳頁

字示啟祥孫知悉：前霞信件，欣余書字極似你學習，亦於書上更付
汝到可照寫，此處長短未合度，此時需用可照紙辦，求汝三體公書寫
較為利便也。余今論館，並五體公看學寫生理，是否遵行，汝即照覆。
萬福士輪船來云，此回海面船隻來往較不便，寄銀信截前遲滯，故家
信已今未再收接，前再付千國幣，或係作二月經費，如已收到即
具覆可也。此示。　吾孫安否念念。　頃接十八號霞信，云貳佰元已照數
查收，甚慰。中國百物昂貴，處處皆然，此後價格當續漲
平和。吾孫瘧愈甚喜，但左腹硬脾尚非全愈。余前信係寫貓江莉頭，汝
莉字寫作前字，何處買藥？此莉同安甚多，藥店多有，非難買也。第服草
頭方最宜謹慎，在藥店買來須向他藥店問其對症方可服，恐合錯則
反有害。此物治硬脾，每用三兩燉雞湯服，服三次即消，或服煎劑亦可消，但按服此方錄上
此示

一九三十年　新正月九日　古十二月十二日

祖瑞甫

再如有收福建銀紙先用為好

新加坡

同安會館 電話七六一六號

福昌酒行 電話四五五九號

中醫吳瑞甫用箋

醫寓：諗林街一六七號同安會館　奚米洛律三九號福昌酒行

Tong An Association,
Tel. No. 7616
Hock Cheong Distillery,
Tel. No. 4559

Address: Tong An Association, No. 167, Cecil Street, S'pore. Hock Cheong Distillery. No. 39, Have Lock Road, S'pore.

第三號第　頁

樹德小兒收知：去年十一月二十日由華僑匯去貳佰元，十二月六日又信，今年第一帮正月家費由福昌匯去貳佰元，正月初九日第二帮二月家費由錫昌匯去貳佰元，內抽出伍拾元還三姆，想均有收到，信在途可下也。惟十一月銀信，至今卅多天未能收到，據信查之，信局云信到鼓浪嶼又(轉船)寄到廈，由上海再轉船到，要從方達泉州，乃由泉州寄到同安，方書之延遲。願而此後汝母有無收到，須發明有否信，便要寫信來談〻曉，并再匯去貳佰位。據吳氏已將領印，將此款交還三姆，連前伍拾員，計共叁佰元，餘仍欠貳佰位(元不久)，俟可完賬。每月當再寄如數，款伍佰員現暫交倪子經，去年內再寄來伍佰參拾六(收即作全數)，問該路方寄在文記。并此通知。玉森代函交滄姪。應找路程何在，入學讀書如何後法，你須給家敘明，乃要此示。再子欽月底離往香港佑記宅，月薪五拾元，并此告知。

父瑞甫手字

一九　年　二　月　廿五　日

長正十六

星洲華南印務公司承印

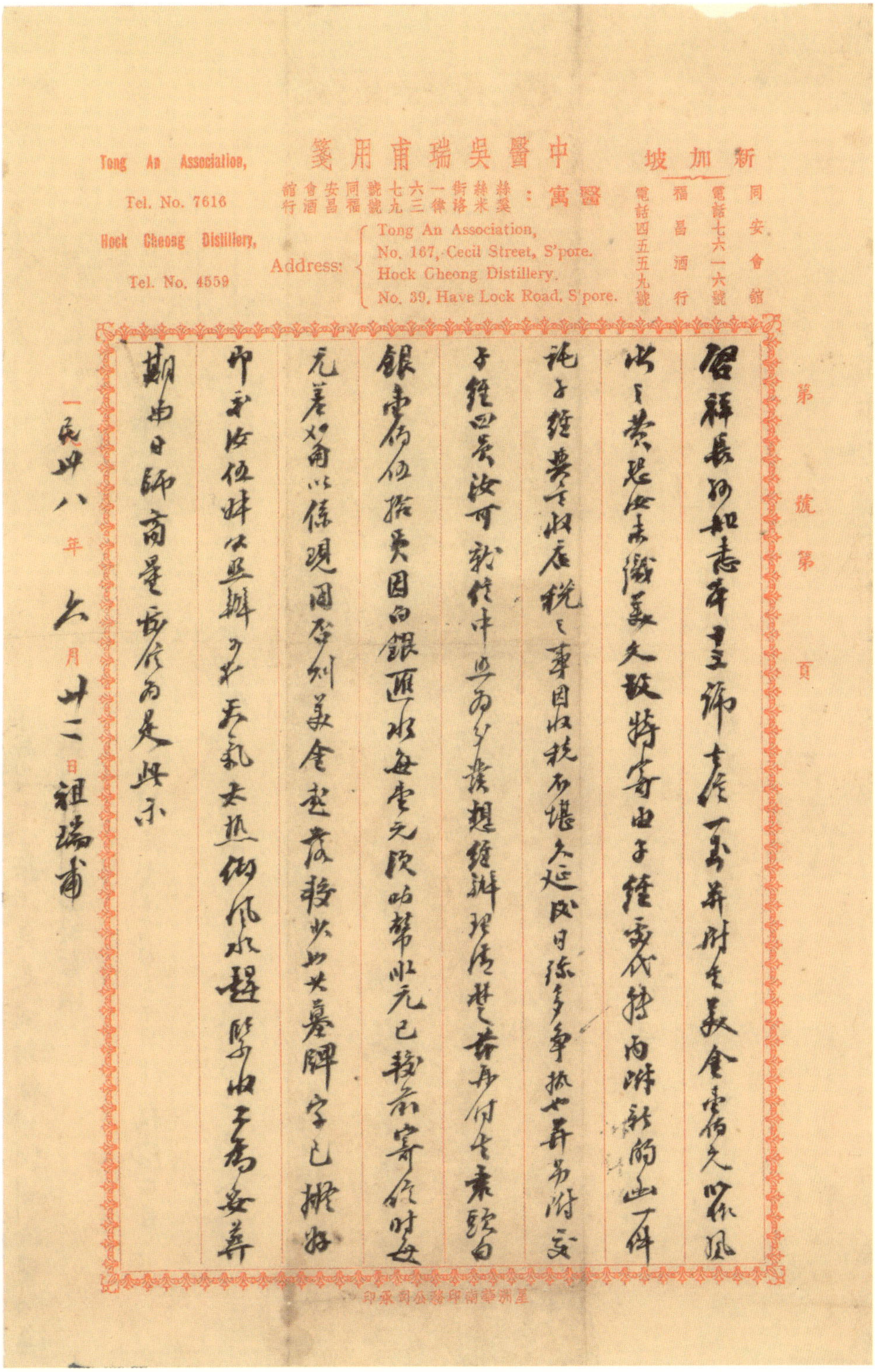

新加坡
同安會館 電話七六一六號
福昌酒行 電話四五五九號

中醫吳瑞甫用箋

醫寓：赫赫街一六七號同安會館
奚米洛律三九號福昌酒行

Tong An Association,
Tel. No. 7616
Hock Cheong Distillery,
Tel. No. 4559

Address: Tong An Association,
No. 167, Cecil Street, S'pore.
Hock Cheong Distillery,
No. 39, Have Lock Road, S'pore.

第 號第 頁

留祥長孫知悉本年三月去函并附去美金壹佰元以作風
水之費是否未識美金已收特寄由子鍾處代轉內附新的山一件
純子鍾要去收據稅之事因收稅亦堪久延以日孫多爭執也并茲附交
子鍾四屆汝可就信中與商之俟想鍾辦理清楚著再付去來路白
銀壹佰伍拾員因白銀匯水每壹元僅叻幣卅元已移前寄信時每
元差八角以係現因學校美金甚缺移必如其墓碑字已擬好
即來汝伍姑以照辦如本年氣太旺御風水題墓由子高安葬
期由日師商量妥信為是此示

民卅八年六月廿二日 祖瑞甫

星洲華南印務公司承印

中醫吳瑞甫用箋

新加坡

醫寓：絲絲街一六七號同安會館
亞米洛路三九號福昌酒行

同安會館 電話七六一六號
福昌酒行 電話四五五九號

Tong An Association,
Tel. No. 7616
Hock Cheong Distillery,
Tel. No. 4559

Address: Tong An Association, No. 167, Cecil Street, S'pore.
Hock Cheong Distillery, No. 39, Have Lock Road, S'pore.

第叁號 第一頁

啓祥長孫知悉：本初四日接到汝舊十二月三十日信，藉悉正月家
費肆（圓）（幣）佰員，已經照收，汝祖媽甚歡。所云五叔公要家中請人圍幫
捌拾員，并添地已入錦昌店內學習生理，尤堪嘉獎，身體較好。汝
五叔公覆信亦有登明，但面色欠佳，硬脾毋（即瘧）未愈，慮而雖一律快
序，要須將硬脾治愈，方能清除病根。舍四家時，每見以豬腰餅作上
心，似未甚妥。程餅要取新出爲佳，陽多天總不合用，能不要食更妙，最好
以家中自做之蓁至程任或地方商人所賣之雪片糕，食之較無弊，然亦
不宜多食也。吾鄉多蚊，爲瘧疾根原，故帳最宜設備，余不惜費也。滿拋

再附上字格二頁，是按和徐紙，紙辦汝買和徐紙作字，簿另辦合用。

一九　年　月　日

星洲華南印務公司承印

中醫吳瑞甫用箋
新加坡
醫寓：絲絲街一六七號同安會館
　　　奚米洛律三九號福昌酒行
同安會館 電話七六一六號
福昌酒行 電話四五五九號
Tong An Association,
Tel. No. 7616
Hock Cheong Distillery,
Tel. No. 4559
Address: Tong An Association, No. 167, Cecil Street, S'pore.
Hock Cheong Distillery. No. 39, Have Lock Road, S'pore.

第叁號第二頁

家費。余自十年即與訂五十盾為止，此回再寄與火與伙乃給姪孫輩以讀書
費，可稟汝祖母無容過慮也。余自少年時即立志要救濟一家，到今年老，此
志尚存。如階於今日設法往呂宋，頗多墊款，不令家人知。後局面發壞，到底是彼負余，非余負
彼也。若泉到底，余教之留呂，每月給以柒元，并逐月賑其家。陸員逝後，彼純
持家費，余始截給。該實其財，余不為計畫，到今受給養之務累，將無已時，
斷非為人家長之道。即此回錦昌紙店，余亦津貼其資本，三在今添
姪在該店，受其教督，兼學生理，子姪輩多一人有職業，即家庭中多
一享樂之幸福，雖不費達局，面亦較好看，亦較究全。余自少年竭力勤勞

一九　年　月　日

星洲華南印務公司承印

第 叁 號 第 三 頁

金為大局計，非為自己計，此汝祖母所知也。汝祖母亦須在積，不可有錢財太揮。金錢亦不可太看太重，庚黃以勝及長美，那數百萬家產乎，而今茲魄至無飯可吃。無他，不能培養子姪之故也。余年雖老，身體尚健，應開之費，總不吝惜，眼前滑利亦尚不薄。日後兒孫之新米及教育等費，并當紳設法周至，汝可禀汝祖母，不必過慮也。此間物價步步升，將來到時不止加倍。存庚之項，汝阿姑當然負其出由汝祖母，餘不多贅。唯付十二月家費國幣肆佰元，到可查收。家乏育者諒已收到，度此而下也。在外身體平安，更介此示。

祖瑞 手書

一九三十年 國二月十日 舊正上元

再此間受政府統制，每一華僑寄款月定矣，常或仍伍拾元，指定家費及教育費，方准照上款目備寄。僑依寄款存積，昔時已難甚矣。余自到叻年餘，得利頗不賞。除年地開銷外，年有一個月能寄到美帑五十元，僑胞負者即極力儲蓄，極力經樸，亦屬有限。百物昂貴，費用甚重，各處皆然，不存積。天未厭亂，賊敵猖獗，以後足稱凱歌者，我國平民被炸彈炸死者，已達二十萬二千餘人，歐洲空戰亦日有所聞。今全球無一片乾淨土，可以避亂。天實為之，謂之何哉。

新加坡

中醫吳瑞甫用箋

醫寓：禧絲街一六七號同安會館
奚米洛律三九號福昌酒行

同安會館 電話七六一六號
福昌酒行 電話四五五九號

Tong An Association,
Tel. No. 7616
Hock Cheong Distillery,
Tel. No. 4559

Address: Tong An Association,
No. 167, Cecil Street, S'pore.
Hock Cheong Distillery.
No. 39, Have Lock Road, S'pore.

第 四 號第 頁

樑兒收知：昨由美僑銀行接到十二月初十日信，籍知十月官十月廿五日代
銀，均經收到，甚慰。以再十二月十八日作今年第一幫寄七百元，正月初九日第二幫寄
十五伯元，想經收接。昨日由華僑再寄七弟第三幫銀信，只一二日間，此信再十餘天
方能達到。惟亦與幫之信，囑汝須令階仔赴學堂讀書，諒仔須通知之姐是否
再讀書，或赴商場學習生意。余些不提出主意，子弟若不習職業，最為將來家
庭之害。余所以越萬重洋求些財利，全為培養兒孫計。作事須及早，再三諄諄致囑，而爾
等置家園間，些不顧負余一片苦心。余老矣，再存人世能有幾年？所以令子姪輩要及
受教育者，余為爾等設日之計，而爾等令不曉事，可恨已極。其何設法，復函信來知
否？何爾等既不肯培養子姪，余對於爾家庭之事亦更無心置之家園間。值此
時間米珠薪貴，各人料理家事，維持困難，汝既上手，可以料理家

一九 年 月 日

星洲南華印務公司承印

新加坡中醫吳瑞甫用箋

同安會館　電話七一六六號

福昌　電話四五九號

Tong An Association, Tel. No. 7?6

Hock Cheong Distillery, Tel. No. ?59

Address: Tong An Association No. 127, Cecil Street, S'pore. Hock Cheong Distillery No. 9, ...

第　號第

事雖適今之艱，入學讀書亦做不來，余屬汝亦及和安家庭中人，對於余所主張，今亦須視諸老人家，灰心滋一家，兄弟姑姑得任手轉爲適，無意提前改法，須知子弟放縱，將來結果即令他日有貲財，亦必破家蕩產，汝我本家，伏乞如何辦理，須當作爲要帳，付中國第三伯先到，即查收，又還三姆，以完一年之帳。（至三月家費，余有翻閱，即寄匯也）

玉汝母疾多，應用藥方，先就湯方前服，又對方可作藥丸，藥店可往於三焙藥丸，乃久服之用，第一不斷，光不安添也，症附湯方丸方，九收

湯藥可用：

黨參三錢　生蘇淮三錢　茯苓三錢　淅貝三錢　生晉耆三錢

蓋皮五分　炙甘草五分　陳皮五分　石決一兩　金鴨連尾三隻

山藥肉五錢（如有吐酸去山藥）　甘菊五錢

水二碗煎八分渣碗四分服

艾瑞甫示

一九　年　二月廿九日

正廿七

再添搖若嬌植亦有霞僕書如余亦有此處置

此丸方可快之之，製造丸候服湯藥後服，此藥丸四兩，補身之餘，各令所用，極穩之

丸方可用

洋參五錢　炊朮一兩　茯神一兩

當歸三錢　山藥五錢　盆耆八錢

甘杞八錢　淅貝三錢　杜仲五錢

甘草五錢　淮膝三錢　甘菊三錢

共細末，蜜錄丸，每服三錢

日一服，每子各一服

滚水送下

外用

薔參二兩，爲末和氣皮炊熱，以布包熨痛處

再汝可詢伍作何主意，年已長大，逐日那手游食，現有人在蔭，亦不免飢寒，能長此措手那食得乎？家中人相忍，偷閑過日，是大誤事。

新加坡
同安會館 電話七六一六號
福昌酒行 電話四五五九號

中醫吳瑞甫用箋

醫寓：絲絲街一六七號同安會館
溪米洛律三九號福昌酒行

Address: Tong An Association, No. 167, Cecil Street, S'pore.
Hock Cheong Distillery. No. 39, Have Lock Road, S'pore.

Tong An Association, Tel. No. 7616
Hock Cheong Distillery, Tel. No. 4559

第　號第　頁

字示檥兒知悉：去年舊曆十二月二十日曾由嘉僑銀行寄去信壹封，外附義務先生，今未接覆信。十二月十八日由福昌寄去貳佰元，想均收接。覆信存延可也。前信中言懋孫須設法令其讀書，此乃汝為人父應盡之職務。汝係須通知汝之姪如何教讀，不宜聽其胡手胡爲，致成壞人。汝可納讀書，即挑義貴業，亦可習職。汝覆信時須詳細敍及。僑係教育，況孫應用之費，余總對之無措，如千萬打五突行，月今年在外掛慮不安，祈收條。國幣貳佰元，除五拾元遞三梅外，餘壹佰伍拾元即作二月家用，到即照辦爲是。此示。

附字錫吉安五郎收之

戊姪碩龜梓代氣小孫

父瑞甫在叻寄

一九　年二月十四日

吉正月七日燈下

新加坡
同安會館 電話七六一六號
福昌酒行 電話四五五九號

中醫吳瑞甫用箋

醫寓：林森街一六七號同安會館
溪米洛律三九號福昌酒行

Tong An Association,
Tel. No. 7616
Hock Cheong Distillery,
Tel. No. 4559

Address: Tong An Association,
No. 167, Cecil Street, S'pore.
Hock Cheong Distillery,
No. 39, Have Lock Road, S'pore.

第 號 第五幫 頁

宗永椽兄知悉：查去年十二月十六日作今年第一幫信由福昌匯去正月費用國幣弍佰元，暨今厦信尚未接，及正月初九（第二幫）匯福昌七弍佰元作二月費內抽出五十元還三姆。二十日匯華僑作第三幫七國幣弍佰伍拾元，廿二日第四幫匯福昌七國幣弍佰元，皆係還三姆之款，計共伍佰元，想均收入，厦信在途可卜也。茲再匯七國幣弍佰元，到即查收。因聞米價每斗伍元弍角，他物亦均起價，該此多家，因可抽出弍拾元凡戚族有之來可收者，不拘津貼多少由兄自主意，余不聞亦不問也。惟前信屢次言添修祖居之類，往令其毋須切實教督春列一房，壞之奈如何，且對於我家庭亦不好看，試思余

一九 國曆廿九年 二月 十二日

星洲華南印務公司承印

第 貳 第 二 頁

再近據發兒來信所言
媛兒偏腫已入醫之院，吳余
寄方未敢照言，恐內人所褁
棄，如媛兒前來處之續仔
之弟柒歸之時，大日食未完
之物，伊老姑將至病院食
餘，倒在伊碗內，發兒不要的
強食，步的伊家，即吐出，殊屬嘆
子歸此老婦人之不明白事
理已可概見，余出外在數冬
於醫生轉此病未曾發現
也
再中西匯通此書，汝前之說
匯丰李振安亦須匯之，看之
書之神會，陶有如之何
頭耳，業費即為換一部
抄完即再交至此收存
中西匯通即再照前家
中醫寄全，鐵而而閱
汝持交瑞甫字往取就是

非常已也，在星坡方平靜，如常平安，儕可免介。兩處看地方銀行，現該統
制官統制，此次寄款，或覓因難，許因此三日內尚可自由備寄，特先字歸伯（銀由我國欽事官告商，未審能與準否，如不準，則將日寄款另覓手續）
元則即照如此之家費，源當存身為元作為余 光前中秋日茶費，因苦此先
父先母祭祀，會切有寄費，竟因郵局遲滯，亦不能應期致祭，殊為
憾事。福州洋米有此，米價閱有稍跌，此即甚善，日食之蓄能
從而不缺缺，不礙多亦。今在此坡，花費之鉅，前年丙因係共和茶
價多消，且士便州常開法，不得不取消潤物，點服食，以免護生之病
且聞時局之嚴，倘有移居在家，款不得不稍為儲蓄，以備應用，此甚要（緊要大家生計困難）（說防之法，也此亦）

此書金振安夫來可全抄一部
家屬事抄書之要緊也
瑞甫
一九廿九年古五月十六日
國曆六 廿一

新加坡

中醫吳瑞甫用箋

醫寓：絲絲街一六七號同安會館
奚米洛律三九號福昌酒行

同安會館 電話七六一六號
福昌酒行 電話四五五九號

Tong An Association,
Tel. No. 7616
Hock Cheong Distillery,
Tel. No. 4559

Address: Tong An Association, No. 167, Cecil Street, S'pore.
Hock Cheong Distillery. No. 39, Have Lock Road, S'pore.

第 肆 號 第 一 頁

字示啓祥長孫知悉：去月廿五日接汝廈十一月十二日所寄信函，

悉。肄仍前，亦經照收，甚慰。聽云身體今愈，更慰。左股腫胖雖

稍少許，仍須服六君子湯加三棱、莪朮、別甲，每日服一次，可望全

愈。蓋古疾莫不盡也。西廈已去，西區仲夏，天氣漸暖，歷年多發

疾病，每發生於此時，居處最宜潔淨，尤以鼠類最為可恨，切宜買

數種滅鼠之器，莫將盡殲，最要。余從前在廈所用，每用大桶一塊

設機壓死，最為簡便，其法汝祖母知之最悉，切宜照辦，勿放過也。

此間防務盡量整理，移家回國者頗多，不知將來局面如何。

六君子湯方

蘇党參三錢　炒白朮一錢五　茯苓三錢　甘草八分　半夏一錢　陳皮八分　快砂仁一錢　莪朮七分　三棱七分

以一碗二分煎服

新加坡
同安會館 電話七六一六號
福昌酒行 電話四五五九號

中醫吳瑞甫用箋

醫寓：絲絲街一六七號同安會館
　　　奚米律三九號福昌酒行

Tong An Association,
Tel. No. 7616
Hock Cheong Distillery,
Tel. No. 4559

Address: Tong An Association,
No. 167, Cecil Street, S'pore.
Hock Cheong Distillery,
No. 39, Have Lock Road, S'pore.

第　の號第二頁

今人雖測，甚恐海面封鎖，則將來銀信尤覓困難，余每提前備寄，正為此故。那星期前書以政府築河岸厝為疏散市（因此事不報日即撤銷，想此方面行要執河岸厝仍照前備，不見政府設法之完全）民之用，今未完工，如天之福，人民得安居樂業，固佳，設有意外，余不搬移山仔頂安全處，以求安全，佐息或段中斷，乃意中事（因乃市中不致有此局面），余已通知發兒非在該戰所收之款，存法幣國幣式件（備需用付），若不離內地，以救燃急，需第年亦得作此款度活，此乃安亂世不得不為此計畫也。大弟三幫（二月大已達）銀信，該經收接，收付于第四幫國幣，時領英信，買月家費，則即照收處，信為盼。在外身體平安，免介。此示。

祖瑞甫書

一九三十年國二月二日
農曆二月五日

新加坡

中醫吳瑞甫用箋

醫寓：絲絲街一六七號同安會館
溪米洛律三九號福昌酒行

同安會館 電話七六一六號
福昌酒行 電話四五五九號

Tong An Association,
Tel. No. 7616
Hock Cheong Distillery,
Tel. No. 4559

Address: Tong An Association,
No. 167, Cecil Street, S'pore.
Hock Cheong Distillery.
No. 39, Have Lock Road, S'pore.

第 五 號 第 一 頁

字示啓祥孫知悉 昨天早飯後接汝廈正月十五日（三号）信如家費肆佰元亦經接到甚慰 二月初間再寄第四號信孫經收接此間政府國防大加整理孫可安全各事亦可免介意銀當局被言令民間限期疏散已覓得較遠地方可以避亂此觀此間局面或較安妥可免他徙也余於達多拜本月廿四日往亞力山大街看症搭電車四巴建寧號下車走被跌倒上手臂受傷臉亦傷皮一二刻鐘瘀氣發腫痛燒熱直達手指幸余亦能治傷急用照膠法正多餘痛止腫消越四上臂覺安而不受傷之下臂及手腕手指全部青黑而腫但不大痛耳二日來青黑稍化粟

一九　年　七二　月　二十　日

新加坡
同安會館　電話七六一六號
福昌酒行　電話四五五九號

中醫吳瑞甫用箋

醫寓：絲絲街一六七號同安會館
奚米洛律三九號福昌酒行

Tong An Association,
Tel. No. 7616
Hock Cheong Distillery,
Tel. No. 4559

Address: Tong An Association,
No. 167, Cecil Street, S'pore.
Hock Cheong Distillery.
No. 39, Have Lock Road, S'pore.

第五號　第二頁

盤五指俱見虹腫微痛，並已能寫字矣。此等跌倒，存他人當有四
個月未安，甚至有危險。八〇五日全好，余危險莫莫未及一星居然向
愈，相與有莫不服余之有此醫學。此再□□期，我能令愈。昨夭撫開
煙洗法以治餘氣，余年已古稀，況有些子之痛，子有偽身之視而常
祖宗在天之靈，俾余不出殞命。六章事，小五弟來信言添松到店
性懶，要情且有不合商場規矩之處，今三姐切實教導此事。個他一
生大局，余年老矣，極有意栽培他，彼不早曉悟，到大人底誇已
而需早成到時反悔不及也。前月三十日書已此
已不能再寫，因停筆。前再續寫。兩信

一九　年　九　六月　廿六日

中醫吳瑞甫用箋

新加坡

同安會館 電話七六一六號
福昌酒行 電話四五五九號

醫寓：絲絲街一六七號同安會館
奕米律路三九號福昌酒行

Tong An Association,
Tel. No. 7616
Hock Cheong Distillery,
Tel. No. 4559

Address: Tong An Association,
No. 167, Cecil Street, S'pore.
Hock Cheong Distillery.
No. 39, Have Lock Road, S'pore.

第 五 號第 頁

年若七十歲，尚從出外奔馳，越數萬重洋，而彼年當少壯，應在經營時代，竟如此將手附食，將來如何了局？須知余即能庇蔭於他，為日亦無幾，設一旦失所庇蔭，彼之衣食將何所賴？無職業可以謀生，必至凍餒而死，誠大可怕。即留孫亦當赴學校讀書，汝母寵愛過甚，聽其惡言謾罵，習以為常，養成侮慢長上之風，為害最大，汝等為之父母，不可不留意及之也。祥雅孫之教不繼，凍餒殊甚，爾五弟近來利路稍少，竟視之如路人，汝當設法亦母子在我家吃飯，與留孫作伴，入學讀書，必要所費無幾，余此間當設法多寄學費及伙食，每月多備五元，非我家多一人吃飯所費無幾，余每得利十七八元，僅可抵團費，未必充此，此後孫子極亦極容易之事，倘爾母不肯，亦當履行事，知余此間直接宮中四官，亦爲無礙，須加此時代，方可物昂貴，為汗募款賑濟，動輒十萬元，況為家族之事，尤宜見義勇為，錢財身外物，余自少年時即看破，故所得利，今付家用，無自私之意，望汝及爾母當體貼余之意，為將此意。

父瑞甫［印］

一九庚午年五月四日

再三月時到，亦此即留做蚊帳一對，並錦息一對，並頭孫處因蚊蟲傳染病，非人世界公認，不可不防。天爾汗瀉，時常來我家食飯，最好月給三元，由他自食，勿令未食，此防傳染病之設，無人多

星洲華南印務公司承印

新加坡
同安會館 電話七六一六號
福昌酒行 電話四五五九號

中醫吴瑞甫用箋

醫寓：絲絲街一六七號同安會館
溪米洛律三九號福昌酒行

Tong An Association,
Tel. No. 7616
Hock Cheong Distillery,
Tel. No. 4559

Address: Tong An Association, No. 167, Cecil Street, S'pore.
Hock Cheong Distillery. No. 39, Have Lock Road, S'pore.

第六號第一頁

字示長孫賢祥知悉：去月接到前十九日夜信，事事均各知悉。

所云腎氣腹里包補丸以消硬脾，亦為將用第此丸內有大毒之藥，服

四五日須停一二日再服，不可妄服久服，硬脾能之令消，此等方內其中之

味即膽礬（另書記）之鐵末、鷄那霜、砒霜、土部年（此物乃本別子藉，最砒霜尤毒）、精胡椒，但西

法於砒霜土部年亦常用。此極緊之毒，且能改血，使西醫者也。前

三月十（即國曆四月二號）曾由銀局寄去國幣肆佰元，作為首費用，想經收

入。第居今近四十天，此間尚未接得電信耳。照來（應卿）嘗年上在新學

將來局上之碣雖初辦期間定價未合與情，想一一是期不該此就

一九　年　月　日

星洲華南印務公司承印

新加坡

中醫吳瑞甫用箋

同安會館 電話七六一六號
福昌酒行 電話四五五九號

醫寓：絲絲街一六七號同安會館
　　　奚米洛律三九號福昌酒行

Tong An Association,
Tel. No. 7616
Hock Cheong Distillery,
Tel. No. 4559

Address: Tong An Association, No. 167, Cecil Street, S'pore.
Hock Cheong Distillery. No. 39, Have Lock Road, S'pore.

第八號 第二頁

緒因此物日用所需，不堪久缺，如遇兆如何發行，方知最好於可買時多買數担，以備不時之需。因要革那如國來之犯法，備國來之存[illegible]。（可從叔天之用）此乃所謂犯法觀局，可再許再付十圓幣，紅毀到可抽出捌員交碩常。崇搜仙官，是時多航。三姆五員（安），汝世伯員，汝大哥六大四元，吉仔陸員，娥仔陸員，會共伍拾員，餘肆拾伍拾員，即交汝祖母作為家費（首），余前跌傷，已漸復原，未悉常者僅二十份之一耳，身體平安，可免介慮。汝須勤謹讀書，方是余在外想掛也。切切此囑。此紫

祖瑞書

一九三十年國五月九日
農曆四月十一

中醫吳瑞甫用箋

新加坡

同安會館 電話七六一六號

福昌酒行 電話四五五九號

醫寓：絲絲街一六七號同安會館
奚米洛律三九號福昌酒行

Tong An Association,
Tel. No. 7616
Hock Cheong Distillery,
Tel. No. 4559

Address: Tong An Association, No. 167, Cecil Street, S'pore. Hock Cheong Distillery, No. 39, Have Lock Road, S'pore.

第陸號第 頁

珣甫五弟左右：前者二十日、三十日兩寄銀信均經收到，諒亦
並可告慰。且八月廿六日第三號信由華僑銀行匯去貳佰元交蔡弟，
廿四又寄第四號信由廈門大局交龍門余家（住）五十元，廿月百由華僑銀行再
匯寄第五號國幣貳佰五十元，另以貳佰元交卞弟清存，以五十元交
家信應用。想第三號信業經十三天，諒已收到。卅四又由華僑銀行匯
寄國幣壹仟元，交鼓浪嶼榮發棧，交託子欽轉交僑興號以要需用，
即賠書與子欽，令其由郵匯交先期結接壹仟元，兄已寄交四佰元，再
（因當非素發信內經有叙及，即行信與國梅，令其函知子欽定）
交陸佰元，湊成一千之數。權有不妥，今款支用去，務物因時局不靖，尚祈

一九　年　月　日

星洲華南印務公司承印

新加坡 中醫吳瑞甫用箋

醫寓：絲絲街一六七號同安會館
呆米洛律三九號福昌酒行

同安會館 電話七六一六號
福昌酒行 電話四五五九號

Tong An Association, Tel. No. 7616
Hock Cheong Distillery, Tel. No. 4559

Address: Tong An Association, No. 167, Cecil Street, S'pore.
Hock Cheong Distillery. No. 39, Have Lock Road, S'pore.

第 陸 號第 頁

急需兄此次函敘接續寄去，此時在星匯水大好，按國幣算，余每月可（一千元免動用亦好）
得貳千餘元或叁千餘元，均未一定，但惟兄弟未挹放，在主義只要以為有益於
諸祖樣兄可令其往廈，由吾們料理，較爲合式。余年老壽後亦願傳世世財產留
日培養兒孫之費。此次寄歸款項，存於（鐵行）與國地方匯往太多，自未便，以此甚
人身自身食在星，為西亦多多人遇所，以此回家住直達廈家，不欲外出於城市。今有
店屋要賣，其不物打點，非此日寄家作財富，此叙及收付于國幣未有買
即寄內人收用，以四元交樣兄做費，每一元三姆貳元，以捐按其作家費，每
外因物價昂貴，所結家中之費（之其多欠）其由內人主意，好不難順矣
近日家中大小安否，回信時一并叙及可也

兄吳筱箱由手字

一九 年 七 月 七 日

星洲華南印務公司承印

中醫吴瑞甫用箋

新加坡　同安會館　電話七六一六號　福昌酒行　電話四五五九號

醫寓：赫赫街一六七號同安會館　奚米洛律三九號福昌酒行

Tong An Association, Tel. No. 7616

Hock Cheong Distillery, Tel. No. 4559

Address: Tong An Association, No. 167, Cecil Street, S'pore. Hock Cheong Distillery No. 39, Have Lock Road, S'pore.

第　號第　頁

金英阿姊妝次：書上 樹棣覆書來稟悉 阿姊大人身體欠安，幸得伊五叔調治，已得痊可。惟我 姊春秋已高，飲食滋養最要，宜善自調攝，不宜過侈，更不可因物價昂貴而過儉，不中禮。前特奉上國幣式拾元，以備病後服月新之用。瓊外出，亦為丘欣老人家起見，不得款向閩安去，以爲歉。近因地方不靖，未發。素嫂安乃在故鄉與庭奉侍，惟珍官依依膝下。寄語珍官宜盡心照顧，尽孝道，須知老人家多平安一日，即家庭受一日之福。况乎 姊愛子孫及孫曾，本甚周至，母慈則子孫孝，孫[illegible]官為熱體貼周至，與侯瓊之煩言也，瓊則叨庇。本擬修書問候 閏澤起居，因患積痰，痰依清濁，疝頭痛身倦，以致忘及此。

一九　年　月　日

星洲華南印務公司承印

中醫吳瑞甫用箋

新加坡

同安會館 電話七六一六號

福昌酒行 電話四五五九號

醫寓：禧街一六七號同安會館
溪米路律三九號福昌酒行

Tong An Association,
Tel. No. 7616
Hock Cheong Distillery,
Tel. No. 4559

Address: Tong An Association,
No. 167, Cecil Street, S'pore.
Hock Cheong Distillery.
No. 39, Have Lock Road, S'pore.

第陸號第　頁

身體得以健康，收銀越發重陽，而精神安安如昔。可此財代並
願貸體大要相不可用物，書而多有否備。汝毋今此寓依言所以
拾武員送五拜，拾武員太必并對寄一伍拾員，如收到即以武拾
員送五拜，以四員送硯堂，汝可交陸員參用，餘武拾員仍交汝母
收用。本月五日余已由錦昌匯去國幣武佰元，作二月家
費。大概不久即能收到此事。書之入學兒依落日如當現
局諸法。至汝兒年已長，未家無謀事，將來亦理。試問你作何
打算。覆信速知此致

父瑞甫手示

一九庚年二月十日

新加坡

中醫吳瑞甫用箋

醫寓：絲絲街一六七號同安會館
奚米路律三九號福昌酒行

同安會館 電話七六一六號
福昌酒行 電話四五五九號

Tong An Association
Tel. No. 7616
Hock Cheong Distillery
Tel. No. 4559

Address: Tong An Association, No. 167, Cecil Street, S'pore.
Hock Cheong Distillery, No. 39, Have Lock Road, S'pore.

第　號第　頁

樑兒收知汝母來信，以厝仔須還，口拉三樓須還，亦有樑兒須還，為此
事殊大為憂心。今此回存在僑興已有千六元，連前一千元共有二千六百元。汝五叔來函
言偉齋歸年亦須五六百元，除此外尚有二千二百元，發兒款已草次寄還偉
（連同安醫寓之尚有此款）
存一百左右，扣起發兒把一千元，尚有二千元，三樓賬房在星再須存積，將
來厝仔一千元還他，此時即還三姓。被字母知，亦把款亦未做久存僑興，因汝母應付寄子三，而寄子三
將赴港，有葉姓者未得將汝母之寄款稍錯，即業因移而之爭論為止，最好就同安葉處將賣與
此寄僑興款，俟汝母款亦有三千左右，若未付款，余存此間亦久後再做計。（就此須葉處代子欽寄回）一千元
如未葉而貴，若付款由汝母親再寄他，欲請汝母主之，余決去

再探存存子欽令
如何計畫即與子欽
磋商可也
信到後事必何能了
或做不出，香仰母
五叔前數可也。十月廿九日再寄寸信，放日即往由到
五叔亦之須再三千有元，即通知信寄
信與子欽，令其備寄可也

一九　年　月　日

星洲華南印務公司承印

中醫吳瑞甫用箋

新加坡

同安會館 電話七六一六號

福昌酒行 電話四五五九號

醫寓：絲絲街一六七號同安會館　奚米洛律三九號福昌酒行

Tong An Association,
Tel. No. 7616

Hock Cheong Distillery,
Tel. No. 4559

Address: Tong An Association, No. 167, Cecil Street, S'pore. Hock Cheong Distillery, No. 39, Have Lock Road, S'pore.

第　柒　號第　頁

去議再讀爲要。大局稍定，余之寓田家鄉，此後不再出門診症。余年已老，又有病，自顧

發通自錢存生。將來作事須有子，切勿偷閑過日爲要。汝年方壯，汝世武千家當

不能獨得一家之財產，此財產不能不與衆有份。余自當令兩人均分，不致敗用。凡

事仍量入爲出，自己極力節儉，仍力殷勤。今之國家不與此輩往，只值此米珠薪桂，但

望族人之急，亦當兩顧爲況。在新屆大要問題，爲款多多，不能此爲介介也。本晚接到

汝第五號帶信，言及寄款均已收入，甚慰。請再付千國幣，會館負責即可，以

我如若作家，望汝善作。言由三姆借去十元，即以五十元送三姆以還借款，共五十元

作余生辰。及初六、初八太保爺生辰，逐年均有請保坂弟到宮內，可備牲禮

致祭爲要。余生前日，多備物起祭祖送至堂，就可如現身說。年安，汝母

已老，及汝兩人切直斥心照顧，至切。不要食物，錢項不可虛情，須有作生。

余前事多多，寫此示

一九　庚年　三月　三日

吳瑞甫字

星洲華南印務公司承印

新加坡
同安會館 電話七六一六號
福昌酒行 電話四五五九號

中醫吳瑞甫用箋

醫寓：菘絲街一六七號同安會館
溪米洛律三九號福昌酒行

Tong An Association,
Tel. No. 7616
Hock Cheong Distillery,
Tel. No. 4559

Address: Tong An Association,
No. 167, Cecil Street, S'pore.
Hock Cheong Distillery.
No. 39, Have Lock Road, S'pore.

第 八 號 第 頁 樹幫

樹模吾兒知悉 前所寄五幫銀信諒必均經收接
惟本旬間所寄第七幫銀信外附國幣叁佰員作
四月家費 想已收入 該信存達可卜也 昨再付去國
幣叁佰員到即照收 以充五月家用 因我家五月廿
事極多 用途較鉅 而二日又爲爾媽忌辰 用費從豐
以資祀當盡孝 倘如汝及諸孫應須補置衣 可語汝母暫
行墊用 後信來知即當備寄 汝有暇 書須勤讀 以期有
濟 余老矣 後日擔荷家事
惟在汝身 汝其勉之 要此示
父瑞甫手書

一九庚年三月廿七日

星洲華南印務公司承印

新加坡

同安會館 電話七六一六號

福昌酒行 電話四五五九號

中醫吳瑞甫用箋

醫寓：綠絲街一六七號同安會館
　　　奚米洛律三九號福昌酒行

Tong An Association,
Tel. No. 7616
Hock Cheong Distillery,
Tel. No. 4559

Address: Tong An Association,
No. 167, Cecil Street, S'pore.
Hock Cheong Distillery.
No. 39, Have Lock Road, S'pore.

第　號第　頁

字示樣兒知悉：本月初四寄去信，未知因幣需要改撥前約，
於家中並覺，故信中迭可卜也。是月家款甚少，因瓊來置妝修家器並
做衣服（以澤兒、須兒）以往年按次速備，計共開去伍幣，可餘資是以無須可寄，
且九月底家款余亦不存。文澤兒請仔文兩次來信，因此存款銳減。
菊瓊此回寄十元，僅供四人米飯月用。此三四元租厝在其衙對面，甚光（此次元係連炭及油鹽內菜蔬算無開）
亮，與壇西鄰諒依每月連電伙自來水在內，僅付幣玖元，似此者覺
至平晚照顧老人家，先後東往西宿，亦一新鋪也。余此次外出實因在
（唐山）寓次有危險情事。余搭輪南來言即有不識面，話不通，未到寓環樣指如。第不獲已，於到此間亦

一九　年　月　日

星洲華南印務公司承印

新加坡

同安會館 電話七六一六號
福昌酒行 電話四五五九號

中醫吳瑞甫用箋

醫寓：絲絲街一六七號同安會館
美米路律三九號福昌酒行

Tong An Association,
Tel. No. 7616
Hock Cheong Distillery,
Tel. No. 4559

Address: Tong An Association,
No. 167, Cecil Street, S'pore.
Hock Cheong Distillery.
No. 39, Have Lock Road, S'pore.

第　號第　頁

為難氏一代子在外，安澤兄十分節儉。所幸匯水稍好，是以得多
寄些去，並非在此會有許多利益也。後因洞知（擬聘）來滕貴處之秋
為度日維艱，是以定寄些去津貼。出外人何必去般好，是所能全收拾
付去國幣貳佰元，可抽出貳拾元（分拾元作添粧，貳拾元）交三姐作年底之用，其餘交汝貳拾元為
汝做衣服（及物）。隨此付和昂貴不可或用。再交汝貳拾元補做衣服。并交砍壹拾元以作（年）年散常拔、仙宮、息
語、寄仔、娥仔，每人四元，計共貳拾元。其錢可存拾元，即交汝母家用可
也。家中大小想應均安。暇在時決并言及為要。附去詳字一紙
到可照辦。嘉外均安，余亦如常。

父瑞甫字

一九　十一年　月　四　日

古十月廿四日

Tong An Association,

Tel. No. 7616

Hock Cheong Distillery,

Tel. No. 4559

中醫吳瑞甫用箋

醫寓：絲絲街一六七號同安會館
溪米路律三九號福昌酒行

Address: Tong An Association,
No. 167, Cecil Street, S'pore.
Hock Cheong Distillery.
No. 39, Have Lock Road, S'pore.

新加坡

同安會館 電話七六一六號

福昌酒行 電話四五五九號

第　號第　頁

啓祥長孫收知：茲於八月備寄補閏月家費，諒經收到

否？從前書經屬叔明注意，因政府統制凍結，由中國銀

行寄七八月家費，則由絡昌再寄九月家費，因海上

船只來往，隔今未出，未得收據，此局只可存何如，亦擬

匯月余寄之幫信，樹澤亦寄一幫，雖延期，殺文似得

信息。匯通後此時輾平安，報為直捷，照付中國幫信

何處則可查收為妥，在外平安，免介此示

樹澤如幫信時

有據存照為要

祖瑞甫手書

一九　年　月　日

星洲華南印務公司承印

新加坡　中醫吳瑞甫用箋

同安會館　電話七六一六號

福昌酒行　電話四五五九號

醫寓：絲絲街一六七號同安會館、吳米洛律三九號福昌酒行

Tong An Association, Tel. No. 7616

Hock Cheong Distillery, Tel. No. 4559

Address: Tong An Association, No. 167, Cecil Street, S'pore. Hock Cheong Distillery. No. 39, Have Lock Road, S'pore.

第七號第　頁

珣甫吾弟左右
樹棣吾兒仝覽　自本六月廿三七弟三号銀信四元廿五七四号銀信卅元
本月十七五号銀信貳佰五十員廿七六号銀信壹百元共陸佰員中四百
元加珣甫（錦章姊送本）兩百員交家用想均收到以江山遥遠恐尚未接處信令人
抱腕旋於本月十七寄六號銀信壹百九（由華僑匯兌部寄鄭子欽查千九乃硤港錦信中均有章寄本）敘及十
九日再寄救濟與鄭子欽請仰兄湊足錦章貳千之欵廿四…
兒叁佰之（以書交救濟院送帳及家費餘二百元交仰典）此次得利或多是中國銀行或交通
僑銀行兩家一定前再寄士壽伍拾員到新安收抽出肆員交高邦朝
京兄陸員交興樵兒寒用四十員因父十五日出辰十七日忌仰為察查（記）

一九　年古曆七月廿七　月新九月七　日

星洲華南印務公司承印

再報我省電以閩省將疏散沿海居民此舉殊為費事如居期再胡京兄商酌或移居薛村管轄區域
亦須籌旨往因路太遠舉家大小或移水土不合亦苦之

字 ...ciation, 7616 Distillery, 4559

中醫吳瑞甫用箋

新加坡

同安會館 電話七六一六號

福昌酒行 電話四五五九號

醫寓：絲絲街一六七號同安會館 吳米洛律三九號福昌酒行

Address: Tong An Association, No. 167, Cecil Street, S'pore. Hock Cheong Distillery, No. 39, Have Lock Road, S'pore.

廿五日生辰不妨多用備肉麵壽面加送親族以表在外人敬祝之意且以示子
孫務須存孝如舊元親人以免家用家中大小囑五弟揚洪代為留
神因時權盛行各國發至無暇事亦太多茲易侯事近遇新世界之局伊將在內
城買地建屋從前中軍衙門地乃沈井諸所買即子沈乃其現在城
內居住近時甚為合歡未知此地肯讓人否囑吾弟代為查及昨日適
在此海口也余居于在該處遊戲展開游延三年將來擬輪
來星今發達僅六百餘即遇世界後局未結洋臨地球為一片
乾淨土良可慮也兩年來南洋一帶英政府設備周至秩序甚佳
即管制米糧及雜貨物亦可觀洵是為住余到此受法治國之
庇蔭安如磐石即廿餘人亦照常營業寄之志外篤慢在外身體
平安家庭遠隔家中大小照常即安福信時寄亦可為要此達 瑞甫字

星洲華南印務公司承印

中醫吳瑞甫用箋

新加坡
同安會館 電話七六一六號
福昌酒行 電話四五五九號

醫寓：絲絲街一六七號同安會館
奚米洛律三九號福昌酒行

Tong An Association,
Tel. No. 7616
Hock Cheong Distillery,
Tel. No. 4559

Address: Tong An Association,
No. 167, Cecil Street, S'pore.
Hock Cheong Distillery.
No. 39, Have Lock Road, S'pore.

第 玖 號第 頁

字示𣏾兒收知。三月二十日第十一號信，付中國幣叁佰元，竟延（此間去年十八日方接展信）至四月廿日始得接收，郵局之遲滯，殊可想見，若提之銀行則已速矣。爾母之日見康健，家中之大小均安，正以為慰。惟同安救濟善會今年書，以吐瀉、鼠疫、腦膜炎之疫症盛行，死者不少，刀兵未已，繼以疾疫，殊堪浩歎。但此等之症，五月以後，溫度高至近九十度，疫蟲不能生存，則疫症當要。家中可常買菜頭、綠豆、冬瓜煮服，甚為有益，不但可避疫，且免染瘧。余遇疫之症盛行時，多食菜頭綠豆，與無病家接觸，竟不傳染已多年矣。汝其遵行為要。添聰讀信札，宜顏先生精於算法，即命秉哥珠

一九 年 月 廿 日

星洲華南印務公司承印

中醫吳瑞甫用箋

新加坡

同安會館 電話七六一六號
福昌酒行 電話四五五九號

醫寓：絲絲街一六七號同安會館、禧米蕓路三九號福昌酒行

Tong An Association, Tel. No. 7616
Hock Cheong Distillery, Tel. No. 4559

Address: Tong An Association, No. 167, Cecil Street, S'pore. Hock Cheong Distillery, No. 39, Have Lock Road, S'pore.

第 玖 號 第 頁

算起為切要，來金多送奉物也。要在學習有得時，未方有利益耳。茲
月廿六日，余再由協茂付去銀信叁佰員，想隨收接回時，並寄去素
發香佃伍佰員，今存中國銀行，不日當能接濟。霞行前再付去國幣（由紹昌匯）
叁佰員，以作陸月家費，到即照收具覆。汝可抽撥貳佰作零用，餘照配
當。汝母日來，汝母亦要調養身體，可再請三林高醫生。余此間亦有寄款些
代丈丙叔處間，恐乃不論如義。現在校，余此幣亦寄或撥，為作收料備
兼之用。汝母年老矣，平素對於汝夫妻尊重鍾愛，正當病後，汝夫妻切宜居心照
顧方合子婦之道，切切此示。

父 瑞甫 寄

一九廿九年 四月 廿八日

再，百物昂貴，若有補貼衣服及來金，稍稍費用，倘有不敷，當再來知，印係照寄。再示。

星洲華南印務公司承印

新加坡
同安會館 電話七六一六號
福昌酒行 電話四五五九號

中醫吳瑞甫用箋

醫寓：絲絲街一六七號同安會館
奚米洛律三九號福昌酒行

Address: Tong An Association, No. 167, Cecil Street, S'pore. Tel. No. 7616
Hock Cheong Distillery. No. 39, Have Lock Road, S'pore. Tel. No. 4559

第 玖 號第 頁

珣甫五弟左右：昨日接到覆音並第五函，中云貳佰元暫留弟處，該項本係要交兄弟儲，可以存印，兄弟前寄之六百元亦可接濟，餘款或置業或存儲費生（該紙店律師）（該款或如之）（本年所得之）去滬局，弟近來所元買種店地已安，由人亦不再向代出，此種店已有股份，
寄信黃鄭子欽，今早向僑與友人已寫信囑託他矣，此事已詳，弟亦無信由黃僑
行寄，據兒信中，想據兒定能將信並寄弟商部一切，每十分之由黃僑行寄部署寬推
青此九七年信內托收債款，想六七年信均經收，即鄭子欽亦有此意，
兄弟兩七八月上半再行往直書，此間因兄弟先生去後局未知該店有無開設，以此遲將
今交此處以免錯誤，前日兩寄之信當作如是，亦中此收兄弟作中之樂思張高量
此乃極定，就今此時之去后，股不妨勉強，即如樣兒賣處住處評估，亦脫離業務
趁此時將子所收最為要，現家中既於舊年附近買之房屋，設法生意，兄弟精神
而及稍爲要領，亦可令子孫得有學問，安兄弟前每行行由房貢何栽種，子孫不要
有錢而重儉，兄弟已帶之外出，見因許子孫將均之出頭，今亦最之思語作了亦要
將住滬此財擬不妨另作料理，酌量本年如信，此外余如何能否有兄，不能如此則辰必子孫安
然者不得養錢財，亦為子孫之福，而房屋置得後而此地要造房屋，建造就該令
在鋪一方能拿後之所寄，據家亦免急用，總之忙急事宜上時為要。
舟長此時生意亦收段，
此秘紙店云此要徐有好不
可子孫軍從此令大家內
約來寄皆令有餘還前將
將此財擬而物之不超價錢
款此存貨亦有和為國，但此
時要節多大，此樣房須料擇耳。

一九 年 月 日

第六號第　頁

及我種樹者之銀眼之數亦可得利且將來子孫增安或讀書方有位置內人淺見不能謀及遠大殊不合也先是月因歐戰費生驕矜遂移於法借財在廈經亦此殊不可解然亦英政府之表彼此從方樣岸如常不知日和人營業者倒悔後舊觀殊可望也所幸身體康強雖老猶健自到坐仙每日在會館診療門診兩年出診殊少較之在彼殊為辛苦閑之福者此間匯水助要幫或按兩印可抵嘉幣（叻圖華幣）更有舍舍在我月所收入亦及國幣或仍全之印甚從淡亦將按募不止十億此後家庭費用逐月無寄吾亦有買業在手化需用仍當有寄因此於中國銀行可寄國幣亦當將來助華在外亦當將存積之（以上又將兄按罪）等另為理款之文字及請籌弄令見謀善為款項所需費用及第代等即當籌付不勞操我此等事須存在可行亦當觀計七年再寄中國幣作按矣到叩總結更須許我來以或按更多吾操兒孫職亦敗或按更多內人補似寒衣此事不在伏念之內此番匯寄

時祉

文瑞寄

一九五八年九月十六日
新九月廿八

新加坡

同安會館 電話七六一六號

福昌酒行 電話四五五九號

中醫吳瑞甫用箋

醫寓：絲絲街一六七號同安會館
　　　美米塔律三九號福昌酒行

Tong An Association, Tel. No. 7616

Hock Cheong Distillery, Tel. No. 4559

Address: Tong An Association, No. 167, Cecil Street, S'pore. Hock Cheong Distillery, No. 39, Have Lock Road, S'pore.

第拾號第　頁

棟兒知悉：前閱接到四月廿一日第八號由協茂來信一紙，經照收入。本月廿六日，曾由紹昌寄去第九號信（附國幣三百元），諒已收接，而匯(?)在途可卜也。吾鄉米貴，百物價昂，茲查此間潮州每百斤米至二百餘，金山面廿斤已至柒可食。世界如斯，痛苦萬狀。此間物價亦步升，照前年所來時核算，亦須加四倍(?)。但外政府紙幣有(?)存，不至太貴，而金價則大起。在唐故前時對國幣而已。豈一錢金已值國幣八九拾元余，初到時，每錢只華七元，今則已到十二元五角矣。余擬欲從速外出設法，前猶豫不決，即今千(?)份福患需腹(?)迫人，飢餓在所不免。況年已衰老，經越萬重洋謀生，此迫於勢，亦無如何。

一九　年　月　日

Tong An Association,
Tel. No. 7616
Hock Cheong Distillery,
Tel. No. 4559

中醫吳瑞甫用箋

醫寓：絲絲街一六七號同安會館
溪米路律三九號福昌酒行

Address: Tong An Association, No. 167, Cecil Street, S'pore. Hock Cheong Distillery, No. 39, Have Lock Road, S'pore.

新加坡 同安會館 電話七六一六號 福昌酒行 電話四五五九號

第　號第　頁

昔因適便，謹備叁拾員，作爲諸人壓歲，計：三嫂四元，珍官四元，娥仔貳元，
智仔貳元，嘉仔貳元，壽官貳元，性舍貳元，璟官貳元，崇根貳元，仙官貳元，
八官貳元，珠仔貳元，田官貳元，計共叁拾員（合[illegible][illegible][illegible]拾角），到即囑樹根照分發可也。
信寄和玉阿姊，身體如未回復，須常請五弟再爲詳審診視，至要。妹三婿寅瓊上言
字示樑兒知悉：本月初八日接汝來稟，備悉一切。我母患風
濕，玉神氣常平，已請五弟用藥，漸愈且漸康強。汝母年已
衰邁，平素愛汝夫婦，玉爲周至，汝夫婦切當極力奉侍，以盡
孝思。須知奉養老人，飲食至要，每年寸資贍養善與料理，全

一九　年　月　日

星洲南華印務公司承印

新加坡

同安會館 電話七六一六號
福昌酒行 電話四五五九號

中醫吳瑞甫用箋

醫寓：絲絲街一六七號同安會館
　　　奚米洛律三九號福昌酒行

Tong An Association,
Tel. No. 7616
Hock Cheong Distillery,
Tel. No. 4559

Address: Tong An Association,
No. 167, Cecil Street, S'pore.
Hock Cheong Distillery,
No. 39, Have Lock Road, S'pore.

第十一號　第一頁

字示棣兒知悉：前月所寄批銀第八、九號，當得復信，俱
經收到。帳十拂匯來國幣肆佰元，想經收入。此次
以叁佰元作為家費，壹佰元以作我父壽辰（中秋）之費耳。
當時聞說此局將管理外匯，故提前先寄。後經我
國銀行事宜向商民並無爲難，對信局多存等阻撓，如此
云。三月廿七日信，在四月二十日接收，並未接及協茂一信。此
則錯誤。據聞收單後，信即由協茂字七四協茂
代厦門正大號，該信信皮亦由同安信局填寫茂字

一九　年　月　十八　日

再，瑞兒所寄廿二號共元，另化調養。
身體另二次寄去國幣伍佰元，
專寄中銀行，總信局同羅。

星洲華南印務公司承印

新加坡

中醫吳瑞甫用箋

Tong An Association,
Tel. No. 7616
Hock Cheong Distillery,
Tel. No. 4559

醫寓：絲絲街一六七號同安會館
　　　溪米洛律三九號福昌酒行

Address: Tong An Association, No. 167, Cecil Street, S'pore.
Hock Cheong Distillery, No. 39, Have Lock Road, S'pore.

同安會館 電話七六一六號
福昌酒行 電話四五五九號

第十一號　第二頁

州七月。因該信局均為福昌協茂代匯，將匯以此誤認耳。汝來信
以為補做衣服須至寄。孫兒及媳來金，亦須備寄。許
特寄去國幣弍佰員，以來佰員作為一家人縫做布衫。
八員，交與伯崇、伯嫂，仙官、大姑，弍姪各一員。其弍拾肆員，汝可收清，以備
用。其弍拾員，因此時閩米糧太貴，應稍要儲備，如津米拾
員。除送來金外，有餘可作添補衣服之用。至八月舊曆
大後再寄去。余年已衰老，時常不健，行將於定此間。此地尚甚安穩也。
當留些款，以備不虞。汝如須常閱讀書，要在外早晚安，免亦此乎，以免日日自立計算。

一九廿九年六月十五日
父瑞甫字

信信文自九月有需用等件，弗收齊見，更願免需用印等，銀行亦好

星洲華南印務公司承印

新加坡

同安會館 電話七六一六號

福昌酒行 電話四五五九號

中醫吳瑞甫用箋

醫寓：絲絲街一六七號同安會館
奚米洛律三九號福昌酒行

Tong An Association, Tel. No. 7616
Hock Cheong Distillery, Tel. No. 4559

Address: Tong An Association, No. 167, Cecil Street, S'pore. Hock Cheong Distillery. No. 39, Have Lock Road, S'pore.

第　號 第十貳初印

樹櫰吾兒收知：查本月初四日曾寄(由華僑銀行)弟萬聚辰十國幣壹佰貳拾元廿五十幣作
由佑昌銀昌付十國幣貳佰元，除抽出年關要親族相探外，餘交汝母作家用，想經達照
舉行。雷作匯可卜收，茲再寄十國幣貳佰元，作十二月家費，到即照收備用。余與汝
母年歲桑榆矣，汝為人子，不能奉養汝母，余與汝母回家，見家中有些姦語，即係由母徐汝夫
婦及諸孫兒食飲，而老人家不與焉。母愛子，而兒孫竟不能盡孝，行為倒置，莫此為甚。此汝
務須切戒。近時物價甚貴，余所匯寄款項之數，衍兒孫衣食固屬當然，而老人家飲食尤
要。值此地方不靖，應請汝母身體加意照顧，使伊長壽。余近歲頗覺飲食之益，是以較為康
健。得人出洋謀食，無別弟飲蔬飯，而不知舉家若何受苦。惟此月來費用頗多，而收

一九　年　月　日

星洲南華印務公司承印

中醫吳瑞甫用箋

新加坡
同安會館 電話七六一六號
福昌酒行 電話四五五九號

醫寓：絲絲街一六七號同安會館
溪米洛律三九號福昌酒行

Tong An Association,
Tel. No. 7616
Hock Cheong Distillery,
Tel. No. 4559

Address: Tong An Association, No. 167, Cecil Street, S'pore.
Hock Cheong Distillery. No. 39, Have Lock Road, S'pore.

第　號第　頁

入猶減。以為分內之事。蓋此係無濟利。有些入手。因匯兌甚好。即令叔備寄。自己並不留一錢。今因戰事物價亦步步升騰。若得在南洋以備用。如在下士澤讀英文。士須入安同學校。外僑學費在在需款。而田碩多家樹海將手所領不家數。洲乃惡已極。已無怨不提出至言。誠因彼將來如何了局。余在外應變維艱。但孫兒孫年紀雖幼。亦宜讀書。係汝應提出主張之事。亦不宜諉之度外。故養子孫應用學費。余所不備。明年如何設法。汝應留住事如年。固已。附近溝渠。應催之清理。其氣過人。像為染病原因。須知公益即為私益。不宜以無光之事。而不肯為。切切此囑。

父 瑞甫示

一九廿八年十一月十八日

新十二　廿八

新加坡
同安會館　電話七六一六號
福昌酒行　電話四五五九號

中醫吳瑞甫用箋
醫寓：吉寧街一六七號同安會館
　　　禧沙律三九號福昌酒行

Tong An Association,
Tel. No. 7616
Hock Cheong Distillery,
Tel. No. 4559

Address: Tong An Association,
No. 167, Cecil Street, S'pore.
Hock Cheong Distillery,
No. 39, Have Lock Road, S'pore.

第十二號第一頁

字示檳兒知悉：查五月十六日由福昌寄七十號信，外附國幣肆佰元，
六月十八日仍由福昌寄七十一號信，外附國幣貳佰元，想今均未接到。
信想經收入。余前此所有診金除此間開銷外，或寄校費，或寄
同安五六存款。七月因越南不靖，各處商業均有衰象，計算吾人
既係外出行醫之客，長在行動，倘年節存些須之儲蓄，則東西均可自
由營業。吾在此間（前月與同）紅十字會聘醫，療業（本有之）因滿醫院亦甚廣，外人家有（新）成立
醫院先生診入，診均從醫院業，所以收數日減，吾前亦在本埠所籌款即先
不必先期備寄，不可不積也。就在積之若干金，再行匯寄。坊前月除寄

一九　年　月　日

星洲華南印務公司承印

新加坡
同安會館 電話七六一六號
福昌酒行 電話四五五九號

中醫吳瑞甫用箋

醫寓：絲絲街一六七號同安會館
　　　奚米路三九號福昌酒行

Tong An Association, Tel. No. 7616
Hock Cheong Distillery, Tel. No. 4559

Address: Tong An Association, No. 167, Cecil Street, S'pore.
Hock Cheong Distillery. No. 39, Have Lock Road, S'pore.

第十二號 第二頁

甚恨岳母偕余及家代，並偕余外出，向每於本日備寫家遊，已妙手空空
兒矣。假如對閱之，因生活危機甚大，余在外生活費亦抱有危機矣，
兄切須趕緊自功讀書，希望改日免受人腹裏之累，即將紀於讀批
於外，亦切須學習算術，臣家他日或有生計。余年老矣，自抵叻後，大便常
閉，從前在故未能七點鐘即下，從日日如是，今亦不能天天吃菓子吃食
寒，係腸冷，餘無影矣，仍再堅持，加以牙齒全壞矣，日日不痛，兩月來再
鑲補，或拔去，所存四五齒，仍要痛甚。年紀一高，事事去一如人每一回念
（自余外出，全賴支持門戶）
家庭後局，我欲注下方款，請經於亂離時代，當亦知我之此不如

一九　年　月　日

新加坡

中醫吳瑞甫用箋

醫寓：絲絲街一六七號同安會館
禧米洛律三九號福昌酒行

同安會館 電話七六一六號
福昌酒行 電話四五五九號

Tong An Association,
Tel. No. 7616
Hock Cheong Distillery,
Tel. No. 4559

Address: Tong An Association,
No. 167, Cecil Street, S'pore.
Hock Cheong Distillery,
No. 39, Have Lock Road, S'pore.

第十二號 第三頁

先生。蓋有懷而言，如余身體現仍強健，在三餐中每頓食粥逾四五
所以至今，因在外雖年老，少生病。每夜十點鐘即睡，六點鐘即起。日
間除看船診症外，仍批閱醫書，未敢一刻放過。因精神好，聞先生守
最忌。統計自十餘歲時，逐日讀書寫字，或作文，夜以繼日，無稍倦閑。
深知民生在勤，不勤則手無飲足以維持生計。吾兒知之否？此後即宜自
勉。諒每付之國幣養家所作八月之費，到即照收，覆函為要。
在外諸人身體平安無恙，家中大小孫兒均安，且儘可安，此示。
再，子之十七號（八月西曆）秋宜早寄
寶慶誠至要
父瑞甫手書

一九廿九年　國八月六日
長七三

星洲華南印務公司承印

新加坡
同安會館　電話七六一六號
福昌酒行　電話四五五九號

中醫吳瑞甫用箋

醫寓：絲絲街一六七號同安會館
　　　奚米路律三九號福昌酒行

Tong An Association,
Tel. No. 7616
Hock Cheong Distillery,
Tel. No. 4559

Address: Tong An Association,
No. 167, Cecil Street, S'pore.
Hock Cheong Distillery.
No. 39, Have Lock Road, S'pore.

第十三號　第一頁

字示懷兒知悉：前五月廿二日第十號信由福昌付去，七月頭經收到番信
來函：六月十八日十一號信、七月二十三日十二號信（係信和般及來匯三百金）作八叁佰員，想已收入無誤
信存匯，一一照悉。此次幫信寄鄉，局甚為延緩，故屢未接及。回信侍閱，此
閩統制局將限制銀信，每月每人只許寄國幣壹佰員，事果屬
實，則有南洋錢雖持家費者，將不得了。我家亦是一般，寧與可或不
實行否？則以中國不能押費，將來更甚難勝之矣。兒如須調查後
醫書希望後日得以自足，是為至要。茲特換寄十叁佰員
以作九月費用，劉印無收，需出為兩厭之所未採擇，若便直接

一九　年　月　日

星洲華南印務公司承印

吴瑞甫家書

新加坡
同安會館 電話七六一六號
福昌酒行 電話四五五九號

中醫吳瑞甫用箋

醫寓：絲絲街一六七號同安會館
禧米洛律三九號福昌酒行

Tong An Association,
Tel. No. 7616
Hock Cheong Distillery,
Tel. No. 4559

Address: Tong An Association,
No. 167, Cecil Street, S'pore.
Hock Cheong Distillery,
No. 39, Have Lock Road, S'pore.

第十二號 第二頁

柴及蔬菜價格若何，務當一一詳述，以在遠之人，余甚痛迫。
一星期來已愈矣。知日前承東家出字或校長家來嬡買鴨鴿等。
星期做一集，因伱之病，食鴨多愈。此後局匯款統於第西實行。
但政府尚未實行規矩章程，尚未實行。俟政府實行時，逐月
寄款無甚限制。余每當寄子經費十元，作為家費，汝支
之用。倘政府有法，得接續備寄，免論每月應支，以防補貼（須少）
用。不必掛心。汝母無安存，所以此示。家中大小想應均安，恕此無敘。
也。

父瑞墉示

一九民廿九年 八月廿六日
古七 廿二

新加坡
中醫吳瑞甫用箋
醫寓：絲絲街一六七號同安會館
　　　禧米路律三九號福昌酒行
同安會館 電話七六一六號
福昌酒行 電話四五五九號
Tong An Association, Tel. No. 7616
Hock Cheong Distillery, Tel. No. 4559
Address: Tong An Association, No. 167, Cecil Street, S'pore.
Hock Cheong Distillery, No. 39, Have Lock Road, S'pore.

第十四號第一頁　共肆頁

字示榛兒知悉：昨日接到七月十五日十一號稟，具悉信中云汝母

再患濕熱之症，今已痊愈，惟頭眩暈、四肢痠痛，左手尤痛，且

痠非右，（風濕勃作腫）實係老人病後氣血壅滯，未必由風濕也，因風濕

無痠及肌肉之理，且頭眩暈、（血虛）風濕症少有之，雖係風濕症

必舌白而粘，或多痰，此暑氣血虛，舌必無苔，或深紅色，汝母去年

時淡紅，（似血虛之症）肖症，風濕時或手足腫而腫，且腫處有熱，氣血壅滯，症動

則常引作痛，而腫者多，茲擬一方於後，再加減隨其，汝內

共立斟酌量，若服一二服，痛稍鬆，常服後漸愈，汝可請五

一九　年　月　日

中醫吳瑞甫用箋

新加坡

醫寓：絲絲街一六七號同安會館
奚米洛律三九號福昌酒行

同安會館 電話七六一六號
福昌酒行 電話四五五九號

Tong An Association, Tel. No. 7616
Hock Cheong Distillery, Tel. No. 4559

Address: Tong An Association, No. 167, Cecil Street, S'pore.
Hock Cheong Distillery, No. 39, Have Lock Road, S'pore.

第 號 第 二 頁

并商量看汝象合式要否，以定進止。如十月底自此間統书局將限
制寄費，每人每月定英幣捌拾元者，以程茲國幣起僑英幣外七八之五千元方匯出，仍費、
實為太甚，前南洋錢有肆大國銀行提示以寄十國幣，尚仍要作九月家
費，惟不久即能援到，如許再寄十國幣，當仍或推更，到時以寄
仍是交汝去作十月家費，餘俟匯附補寄。該书局因總商会匯兑局
銀行均請求中華銀行。事而告交涉，或再俟改緩，未一定，汝毋余再
添一字，取式如玉、式如金之義，命名颇式。如汝祖名翁谷，汝可再刻一印，名孫翁。
此二名用鉛石刻，或用木刻篆字、楷字均可，以備要时可以行用。汝去别及
余患痛用六味地黃丸二兩，分五次泡服，已愈十多天矣。汝目前切須
用功，看醫書，我家之醫學金鑑、溫病條辨，及如之科要兩

一九 年 月 日

星洲華南印務公司承印

新加坡

同安會館 電話七六一六號

福昌酒行 電話四五五九號

中醫吳瑞甫用箋

醫寓：絲絲街一六七號同安會館 / 溪米洛律三九號福昌酒行

Tong An Association, Tel. No. 7616

Hock Cheong Distillery, Tel. No. 4559

Address: Tong An Association, No. 167, Cecil Street, S'pore. Hock Cheong Distillery. No. 39, Have Lock Road, S'pore.

第十四號第三頁

錫看之書，切宜常閱，以求後日有用。汝若看過，余回家時再行付授。汝有暇要如法練演，全學算法，如此教先生合教，以備他日向生理場中行來，余多些，不要緊，如坤舍生理，後日可謀。不知魁存近時在何處營業，諒必資質甚鈍，此等生理或可維營，然不要此項生理，營為他項生理亦可有出路。附今弟式拾元，乃寶瓊兩家計送（三姆四元、珍官四元、添兒四元、娥仔四元、雙仔四元、喜兒四元）。再據款來信，媛兒已較痊可，蓁兒八月將分娩，余已寄（此次）交二十六元交媛兒養病，已寄。而次式十四元交發兒產後調養，合此通知。汝母說先共晚錦歸家用，此示。汝母次寄信，信皮蓋印蓋在名字上，信內亦要有錦，此後宜照蓋在名下方位，照余寄振基印式，國春便明。

父瑞甫手

一九民廿九年九月四日

古八、三

星洲華南印務公司承印

中醫吳瑞甫用箋

醫寓：綠絲街一六七號同安會館
奚米洛律三九號福昌酒行

新加坡
同安會館 電話七六一六號
福昌酒行 電話四五五九號

Tong An Association,
Tel. No. 7616
Hock Cheong Distillery,
Tel. No. 4559

Address: Tong An Association,
No. 167, Cecil Street, S'pore.
Hock Cheong Distillery,
No. 39, Have Lock Road, S'pore.

第十五號 第一頁

字示樑兒知悉：本十二月接到十月廿六日南安寄發信備悉。兩國幣亦經照數收入，以作八月家費，在外可免介慮。所談家中苦瘧疾時常纏綿，良由溝路不清，孑孓生在其中，變成蚊嘬人，以致發生此病。余前書曾諄諄垂諭，教示須清溝路，勿任生草，且須做蚊帳以免之。瘧疾為費不多，而為益甚大。余到星洲後，在大小坡各街衢溝路具水泥，日日清掃，今年未嘗發見瘧疾，惟新坡郊遠山僻地方較生疏多瘧疾，鄉村尤為厲害，即此可知大概。然少營南不必愛惜，總以講求清理為要。余在外身體健康，無庸遠

一九　年　月　日

中醫吳瑞甫用箋

醫寓：絲絲街一六七號同安會館 禧米律路三九號福昌酒行

新加坡

同安會館 電話七六一六號

福昌酒行 電話四五五九號

Tong An Association,
Tel. No. 7616
Hock Cheong Distillery,
Tel. No. 4559

Address: Tong An Association, No. 167, Cecil Street, S'pore. Hock Cheong Distillery, No. 39, Have Lock Road, S'pore.

汝寫信用印須在人名之下如信蓋在上頭殊不合以此查交改

第十五號 第二頁

會媛兒來信言病象已較痊可余已寄藥方今再改信汝世賢痛

服余方有效愈益西後信直詳十月廿三再付十三號銀信八月三十日再付

十四號銀信諒均收接此間今日報紙揭載說出局將於新曆十月

一日宣布僑匯寄信銀款（限制）詳候事經有否洲銀行宣布請求或不能

如本於廿五員為限（英紙）不許再付士國幣僑元許印查收余長兒底仍（汝大伯印余師宗）

日來頗忘記祭祀宜是余不能回家諒汝母兒相傳敬謹將事 此番擔接

寄汝伯元連前一百元（共三百元）以作十月家費因此間說割官報載將

於新曆十月一號宣布限制正未知將宣布何價目限任欽事變大概如有減之此示

一九民廿九年 九月廿日 古八十九

父 吳瑞甫寄

印承司公務商南華洲星

新加坡　同安會館　電話七六一六號　福昌酒行　電話四五五九號

中醫吳瑞甫用箋

醫寓：絲絲街一六七號同安會館　奚米洛律三九號福昌酒行

Tong An Association, Tel. No. 7616
Hock Cheong Distillery, Tel. No. 4559

Address: Tong An Association, No. 167, Cecil Street, S'pore. Hock Cheong Distillery, No. 39, Have Lock Road, S'pore.

第十六號　第一頁

字示樑兒知悉：日前接前月初十日、本月廿三日十二號信，知該項均已照收，甚慰。所云為福昇貴子要安些，亦獨兄同此款。閱物價亦殊附章。致樹基為管出各件，不致過日，即可函甚有樣序，是可告慰。前月（十四號信）三日已由黎兒匯去，又於十九日由福昌（十五號信）匯去家費叁佰元，作捨月家用，想均收接。吾書近頗遲滯，因我想寄先寄再匯去叁佰元，作十月家費，其前壹佰員留作十二月用，十二月叁佰元亦大約再寄。在外身體俱平安。望你於年當入學，要為健強，書常有為好，添何宜要習算法也。囑此示。

鎣兒舊八月十五早生女，順筆述知。

一九民卅年拾月八日

古九

瑞甫

星洲華南印務公司承印

新加坡同安會館
中醫吳瑞甫用箋
Tong An Association, Tel. No. 7616
Hock Cheong Distillery, Tel. No. 4559
Address: Tong An Association, No. 167, Cecil Street, S'pore.
Hock Cheong Distillery No. … Hill Lock Road, S'pore.

金箔鎮心丹方乃
珍珠五錢 牛黃五錢 琥珀三錢
天竺黃五錢 膽星二錢 上硃砂五錢
麝香一錢 金箔為衣
全料每服之法
無定轉每製出服
先用六分經不次檢
原方旋用毀封

第十六號第二頁

舟如作寫就因事忙未寄到昨天接到汝八月廿四號發八月初二十四號信
云曉業經收到均已照辦甚慰惟件年云汝於八月十八日患秋燥舊病再
發請教某某漸見瘥愈汝之病已愈多年如何至今因秋病復引
起舊病前此余教汝須多食某欸條年曾有言及正為提防此
病復發之故而汝不能依行殊為可惜倘未安食神氣未復全
簡鎮心丹切宜製用方載在中西匯通醫經論款方中共方亦在於
重校用之書余寄在某辨處可檢出按用也兄之此地睽遠數萬里
是否原病殊未分曉總須請教某某方合此宗

吳瑞甫

一九廿年十（九）月十三日

新加坡

中醫吳瑞甫用箋

Tong An Association,
Tel. No. 7616
Hock Cheong Distillery,
Tel. No. 4559

醫寓：栝絲街一六七號同安會館
　　　溪米路律三九號福昌酒行

Address: Tong An Association, No. 167, Cecil Street, S'pore.
Hock Cheong Distillery, No. 39, Have Lock Road, S'pore.

同安會館 電話七六一六號
福昌酒行 電話四五五九號

第十六號　第三頁

再來左右將家書，懷兒患秋燥症之病再起，此番症
病是否指前精神之病，抑下元虧損，為慮。兒信中將患之病
極係漸見痊愈，惟附病所用之藥，若屬角鹿年之証
（因其藥乃是我常用藥中加入少許者此也）
耆杞、碌更、鼓耆、朮、黨參、黃精等適宜之品都有用
過。去你所下則用藥，所服痰丸適之。我年近七秩，甚
恐精神疲之。幾年來常在家見兒三張將家伙搬移，甚
憂。而不聽，不肯改。今卻接來此信，可知兒之身體
稍不能全之，蓋只但見兒外出談談病，即惟恐兒之漸瘦為是。

此告父瑞字

一九　年　月　日

新加坡
同安會館 電話七六一六號
福昌酒行 電話四五五九號

中醫吳瑞甫用箋

醫寓：絲絲街一六七號同安會館
　　　禧米路律三九號福昌酒行

Tong An Association,
Tel. No. 7616
Hock Cheong Distillery,
Tel. No. 4559

Address: Tong An Association, No. 167, Cecil Street, S'pore.
Hock Cheong Distillery, No. 39, Have Lock Road, S'pore.

第十七號第一頁

字示厥祥長孫知悉：本初一日接到汝五弟代覆十月廿三日家信，言三百元經已收入，并汝父於九月初十亥時去世，悲愴殊甚，第生死有命，非人人所能為，余自少閱歷到今，饒信其然，昔孔子以三歲失父，孟子以五歲失父，中國聖賢至孔孟而極至，而皆少孤，且孔子僅有一子伯魚，而先孔子卒，以孔子大聖人而不能庇蔭一子，此誠命之無可如何也，明商輅幼而失父，今之蔣委員長九歲而失父，此四人皆賴其母教督，而皆為大聖賢大人物，汝等切宜勤謹讀書，為將來振作家聲計，余於汝等大有希望，汝等讀書方羌謀生，應需衣食，不久之將來，余必能設法完備，此一年後大局

一九　年　月　日

星洲華南印務公司承印

新加坡
同安會館 電話七六一六號
福昌酒行 電話四五五九號
中醫吳瑞甫用箋
醫寓：絲絲街一六七號同安會館
美米路律三九號福昌酒行
Address: Tong An Association,
No. 167, Cecil Street, S'pore.
Tel. No. 7616
Hock Cheong Distillery,
No. 39, Have Lock Road, S'pore.
Tel. No. 4559

第十七號 第二頁

想能安定。余亦能提緊來叻，因曾電影首一堂教誨爾等，俾

將成就學問，以維持家計。此亦余應盡職務之要事也。其前九月

十四日，余得汝父手書復信，言舊病復起。余立即寄付叁佰元，以濟十一

月家費，并附藥方，不料已無及。此廿五日接汝兄潑子欽來信，言汝父身故。余

亦由協成匯去叁佰元，不知此款大約本月半間當可收接。汝媽手書能

舉。家事緩後煩汝母與三姐妥幫理，而余在外方免懸慮。須知此亂離時間，

各省各縣比我更萬分悽慘者甚多。能堅忍維持，過此時代，自使為福氣無

再付大國幣肆佰元，作十二月份費。如收到，即回信來知。此示。 祖瑞甫手書

一九民廿九年十月五日 新十一

信乃十月十六日寄

再者亂近年底，夜錦被切宜補足。往前有被肆不會用，重在人不會在物。此事宜須注意，能儉無益也。

印承司公務印南華洲星

新加坡
同安會館 電話七六一六號
福昌酒行 電話四五五九號

中醫吳瑞甫用箋

醫寓：絲絲街一六七號同安會館
海佛洛律三十九號福昌酒行

Tong An Association,
Tel. No. 7616
Hock Cheong Distillery,
Tel. No. 4559

Address: Tong An Association, No. 167, Cecil Street, S'pore. Hock Cheong Distillery, No. 39, Have Lock Road, S'pore.

第十八號第一頁

啓祥長孫知悉：前九月十五日由紹昌匯去十六號信艮叁佰元廿三日又去不列號信銀叁佰元均經番函並收，此間亦經收到霞信。去月十月十二日由紹昌匯去十七號信肆佰元，作十二月家費，屆今已二十多天，想汝亦經收到。惟不列號信乃由爾祖媽及爾母具霞中去汝父喪費銀三拾，借用酒五百餘金，前月經寄洋三十叁元去弍佰柒元，此款先還三拾，若特再匯去弍佰元到，彩並數還楚。仍有不敷，余經亦均有多寄，與十二月及正月均按多寄壹佰元，截長補短，當免缺欠。至云汝母志任速年多病，此回再患之日之症，服藥見效，多多壹之症，難治。余二十餘歲時

一九　年　月　日

星洲南華印務公司承印

新加坡
同安會館 電話七六一六號
福昌酒行 電話四五五九號

中醫吳瑞甫用箋

醫寓：絲絲街一六七號同安會館
溪米洛律三九號福昌酒行

Tong An Association,
Tel. No. 7616
Hock Cheong Distillery,
Tel. No. 4559

Address: Tong An Association,
No. 167, Cecil Street, S'pore.
Hock Cheong Distillery,
No. 39, Have Lock Road, S'pore.

第十八號 第二頁

當意々日服藥至十八日乃愈，想爾祖媽當能記憶。如此等症，又
要服鷄卵丸（卵白），要候兼第三日癢退後服之，方能愈。餘還要多服鷄卵數
天，接服鷄湯。鷄自能除疴（未服鷄卵、鷄湯不可用也），并候將患癢人臥在床上，以手按其
左腹邊，若有一條堅硬，即為癢母，用貓江荊頭二三錢煨鷄服，即能散。
去此癢母，俗名叫疳硬脾（西醫名），乃積（穢）血而成者，不散開，癢不離身不已。亦宜慎
亦行瘧疾，係家中眠床須用蚊帳全處，家中人一被蚊咬，必皆其染
瘧及瘧疾。亦此年母回家，見爾媽並未設帳，且兩蓋之綿被甚重，即
因愛惜物力，亦非如此愛惜法，須知人一受病，不但費多，而且受苦，且

一九　年　月　日

新加坡
同安會館 電話七六一六號
福昌酒行 電話四五五九號

中醫吳瑞甫用箋

醫寓：絲絲街一六七號同安會館
奚米路律三九號福昌酒行

Tong An Association, Tel. No. 7616
Hock Cheong Distillery, Tel. No. 4559

Address: Tong An Association, No. 167, Cecil Street, S'pore.
Hock Cheong Distillery, No. 39, Have Lock Road, S'pore.

第 號第 頁

韶兒看覽。余於本月二十日再寄去貳佰員，匯合已二十八日，諒經收到。前信示下如汝未
書報爾母，囑余代俗謂宜留些資財以培養子孫。現智孫年漸長大，明年應赴
學堂讀書，為今之謫何？吾意都不惜，汝應提前設法，束知諸孫三姓
全不打算，殊屬非是。子弟縱使為非作歹，游手附食，將來必無結果。余年
老矣，決不願管他終身之事。亦宜諸三姓如何設法，抑問海仔郡人，將來竟如
何。總須勤緊，現一偏生就才能。愈早勤緊學習生業，將來愈有能耐。余年近七十，尚
不惜越洋重洋求些財利，亦為一家生活起見。設余不如此勤緊，現物價騰貴，必不能支
持。全家已在不免飢餓之外。勤緊尚難免苦痛，若如此游手附食，將來無結局，自然不免
飢寒。到無衣無食，試問耻否？試問將來困苦可怕不可怕否？澤仔現讀英文，須仔
亦在學校念書，諸養子孫為目前最切要之事。汝總宜牢記無忘，並切將付千
圓，其貳佰員為正月之用，所列諸事如何設法，總須覆信來，切勿延誤，要緊要緊。

一九 年 十二 月 十八 日

父瑞甫寄

如汝祖須囑他須聽長輩命令，不宜忤逆。如斯舉動，大不合，切須改過是要。

星洲南華印務公司承印

中醫吳瑞甫用箋

新加坡
同安會館 電話七六一六號
福昌酒行 電話四五五九號

醫寓：絲絲街一六七號同安會館
溪米勞律三九號福昌酒行

Tong An Association,
Tel. No. 7616
Hock Cheong Distillery,
Tel. No. 4559

Address: Tong An Association, No. 167, Cecil Street, S'pore.
Hock Cheong Distillery. No. 39, Have Lock Road, S'pore.

第 不列 號 第 一 頁

式如賢妻粧次：前八月十九日接樣兒八月三日來信，言伊患病再發，余即甚著急，因此病用藥頗費手，非博極群書不能措手也。隨於接信後即將應如何治法立刻覆函致寄，未接信而樣兒已仙去矣。剛接子欽由滬來信，言樣兒於九月一日身故，老年人遇此景況，慘痛奚似。余到此後自念繼起之人屢次諭叔行下，今樣兒又遠逝，不知祭樣何惡業，而遇此境，似此家將衰矣。滬漏也，兩年獨有此兩孫差堪歡顏，今望吾妻善為寬解，但能撫養孫兒成立。汝近年多病，不堪憂慮，萬望將此置

一九民廿六年 九月 廿五日 兄

星洲南華印務公司承印

Tong An Association, Tel. No. 7616
Hock Cheong Distillery, Tel. No. 4559

中醫吳瑞甫用箋

新加坡
同安會館 電話七六一六號
福昌酒行 電話四五五九號

醫寓：絲絲街一六七號同安會館
溪米路律三九號福昌酒行

Address: Tong An Association, No. 167, Cecil Street, S'pore.
Hock Cheong Distillery, No. 39, Have Lock Road, S'pore.

第五十號 第二頁

諸處外多匪變亂致礙身體匪大局稍定余還家汝夫妻猶得相見可歎外感均得
國聚死者甚已矣生者尚須照料汝為一家主腦不當再罹疾苦致令老人在外受抱
慮憂是以至要寄語珍官當上事老姑下謂力撫養兒子今年雖老汝母子一生承
食當該時刻更有掛慮尚不知目前至爲苦境無值此亂離時代比我更慘者甚
多世界人雖肯耐苦老天决不辜負須印字余之爲要順付十國幣存諸其封印以二十
其交珍官收實證吩付再抽出撿其與珍官以作諸孫零用餘式仍集振其即抵妻費
備不敷可於來函余便再備寄先者八月十九日寄去十五郵幣銀代九月廿四日又
寄去銀代猶未接每代想為有此家庭事故以致稽遲抑據現今
大元小印已刻秘余便刻印今因此間政府將發新銀代為家用是用之不准行兌嗚呼甚矣

一九 年 九月 廿五 日 晚

新加坡
同安會館 電話七六一六號
福昌酒行 電話四五五九號

中醫吳瑞甫用箋

醫寓：禧絲街一六七號同安會館
奚米洛律三九號福昌酒行

Tong An Association,
Tel. No. 7616
Hock Cheong Distillery,
Tel. No. 4559

Address: Tong An Association, No. 167, Cecil Street, S'pore. Hock Cheong Distillery, No. 39, Have Lock Road, S'pore.

第 不列 號 第 三 頁

昨前接穠兒書，言伊濟秋燥病，痛症後，黃服五帖，漸覺
愈，余心甚喜。此次病根，李冠仙醫案繞有余醫書中詳付，俟來
有去及此者，知此症如非五帖不諧，即中西醫亦多不曉，是不能自由也。
何處去尚可見？孤弱之世，人民之苦，慘實端此，張田死矣，有命，此大事年
今此害而無隱痛，昨得何全夜不眠，右頸反見時抽痛，所以知屢思之
益得難覺。此不獲已，讀佛經，莫可忘記。宏之事，不作動輒，將發致病息之
令家焚角洛嵩，余支持乏，余精神有去，外對大局壞矣，不得已息辭
旋之，匠以穠兒雖上而病之，二字皆精神活潑，余身體尚能保，天敗

一九 年 九月 廿六 日晚

新加坡

中醫吳瑞甫用箋

Tong An Association, Tel. No. 7616

Hock Cheong Distillery, Tel. No. 4559

醫寓：絲絲街一六七號同安會館 / 奚米洛律三九號福昌酒行

同安會館 電話七六一六號

福昌酒行 電話四五五九號

Address: Tong An Association, No. 167, Cecil Street, S'pore. Hock Cheong Distillery, No. 39, Have Lock Road, S'pore.

第 不列 號 第 四 頁

假余以十年那地方稍定即來家歸里教習二孫此亦務使聰明伶

俐讀書三五年定可成器寄語賢妻及玲兒後局亦有厚望不必以

目前之事為介介也統生此之子實大有益（裨）非小家事總一家合為

無須不宜食此不可過食滿多天之物解毒宗宜食慎重為要 （瑞甫嘱）又此寫 瑗嘱时

武如阿娘就次得樹根身故傷痛莫名切望賢妹保以身為重勿過憂慮該有

括得身體死者已矣二孫尚須培養值此四處紛亂時期此身尤宜保重一則丈夫遠離

外洋二則此女出嫁鼓樂三則親戚朋友亦多離散劉百如昂貴手論各行事局無多年

草了事有此不良印象夫人正宜以鐵石心腸排斷煩惱根保持此身以為他日團聚之位

寄語玲官姑老矣素又多病老括甚鍾愛汝汝尤宜極力照顧汝母甚聽從伶俐上進考取

下畫意不久假有由甚得辦之日有外間（又不及者）亂震流離死不得所其甚多矣人尚有衣食無虞

僥當竭力堅忍苦痛老夫斷不負勸若到此方平定使得淋入作統切切此囑

寶環字

斯斗吉宗 覽

一九 年 九 月 廿八 日 晚

星洲南華印務公司承印

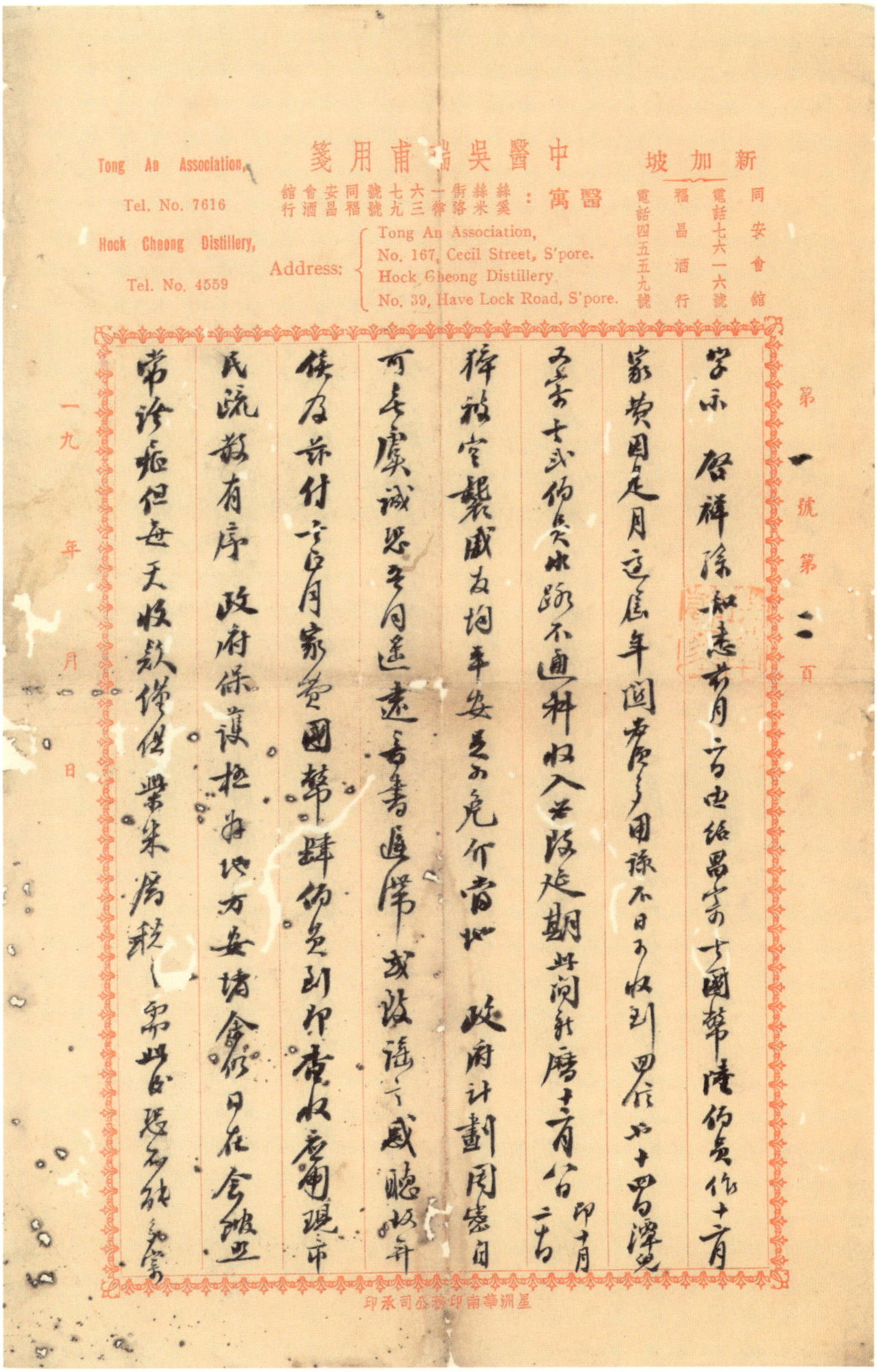

新加坡

中醫吳瑞甫用箋

Tong An Association,
Tel. No. 7616
Hock Cheong Distillery,
Tel. No. 4559

醫寓：絲絲街一六七號同安會館
溪米洛律三九號福昌酒行

Address: Tong An Association,
No. 167, Cecil Street, S'pore.
Hock Cheong Distillery
No. 39, Have Lock Road, S'pore.

同安會館 電話七六一六號
福昌酒行 電話四五五九號

第 一 號 第 二 頁

字示 啓祥除叔悉前月六日由福昌寄去國幣陸佰元作十一月
家費，因是月適逢年關，需多用，諒不日可收到，四伯父十四日澳見
一寄去式佰元，冰跡不通，料收入無路延期，此間新曆十一月二十六日（即十月）
務被空襲，戚友均幸安，是不免有當地 政府計劃周密，自
可無虞，誠恐是月遲遠，去書逾常，或致謠言惑聽，故并
候及，茲付十二月家費國幣肆佰元到，即查收應用，現市
民疏散有序，政府保護極為地方安靖，會館日在會維互
常診症，但每天收款僅供柴米房租之需，此後恐難維繫

一九　年　月　日

星洲華南印務公司承印

新加坡
同安會館 電話七六一六號
福昌酒行 電話四五五九號

中醫吳瑞甫用箋

醫寓：絲絲街一六七號同安會館
奚米洛律三九號福昌酒行

Tong An Association,
Tel. No. 7616
Hock Cheong Distillery,
Tel. No. 4559

Address: Tong An Association,
No. 167, Cecil Street, S'pore.
Hock Cheong Distillery
No. 39, Have Lock Road, S'pore.

第一號第二頁

時事孔艱，或有他往謀生之心，亦料家用無入，尤最要。子三
子欽在暹營商，信息亦無，緣事往詢，如要金，今春有賬時，切切寄代
查收，俟賬到，再作時計，惟乙切以顧速望。余此次因如遂本斷餘
信如難接濟，他在家之費，舉免，及義道手為有存款，可先支
用，中行存款亦得抽出，應用弟未知該行在敵手，應如何，應先
期處明白，倘可商酌，應明示，由汝抵寄發媛商量辦理，方以為何
之。家安代未知，舍屋外平安，家中大小想應均安。此示

祖瑞書示

一九三十一年國正月七日
農曆十一月二十

啓祥長孫知悉：本日接一二三日禀，備悉一切。廣壽興之應酬極是。
廣州居址，余已令穉記智緯辦理，值此時期，諸事看被殘年間也。汝欲將此款
移作家用亦可。附去子侄此所需。廣東其無需，可於本年春假畢志出國回鄉
量之之應酬就是了。特此交余前作已通知尔并寄港弟陸拾元以外
元，又汝四拜公以十元，又汝三姪婆肆拾元，又汝家用，想經照辦。并再付香港
幣四拾元，交到即照交。汝五姑公拾元，汝三姆婆拾元。餘後拾元，交汝家用。此地最和
良以入銀藏，依舊為要。此示

祖瑞甫示諭
育耶燈下

啓者，舍□□昨午接汝復信，知該項已收，具照應，甚慰。

附汝五姊公寄西山照收。正月四日由廈再撥付香港第弍佰

肆拾員，并信壹件，諒近日亦已收到。并將付香港幫中撫卹拾

員即分：前以拾員寄汝五姊，以拾員寄汝二姆婆，餘陸拾員寄汝

母家用。世界紛紛，亂事幾非普徧，此間街衢漸覺平靜，而

鼓浪嶼擁擠異常。民間浩劫，幾無一地方可以避免，吾同鄉

賈（財）化要安適，而水陸難通，生計困難，亦是缺點。汝足讀書

在廈情況未知如何，余甚掛慮。彼之年齡尚為幼稚，（且）最好不干

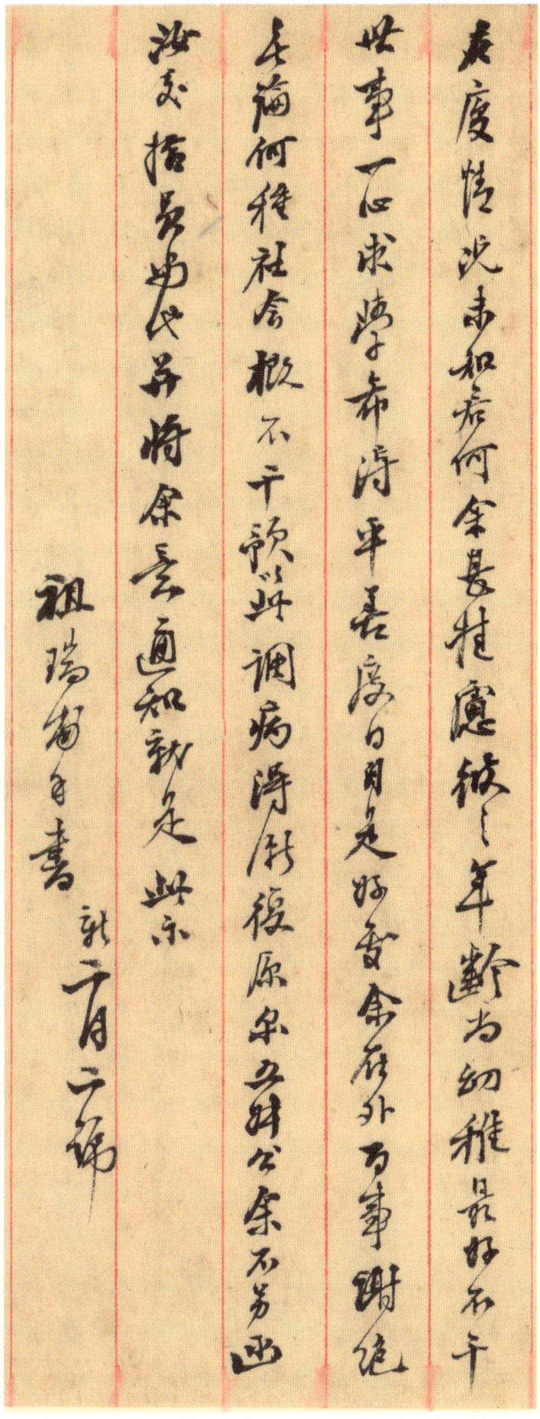
表度情況未知究何余最難處彼彼年齡尚幼稚最好不干
世事一心求學希將來善度日月是所望余於外方事謝絕
未論何種社會概不干預以此調病得稍復原余亦甚好公余不另函
汝處指導兒女努將來長進知新是此示
祖瑞甫手書
新十月六號

啓祥長孫如悉：前月十三號曾備函託廈門商號（廈門協美送）寄汝壹佰陸拾員，想經收入矣。因陰曆十二月大家過年須多費用，再託該商就廈撥出港幣貳佰肆拾員交汝母收用，內可抽出叁拾員交汝三姆婆，又叁拾員交汝五拜公，計共港幣陸拾員，餘壹佰捌拾員交汝母家用。此十二月作一次備交，不再寄第二次，俟來年正月方再由銀行備寄款與通知。余欲汝讀醫書乃根本切要之事，此日經費乃有所從出，汝不宜放過，今宜可以初有復長致緒擬印放置荒棄，若有未明白之處，即請教汝五拜公，盡從那不倦接於汝，斯文向其詰付請求，西不肯搞教之理，要在汝肯用功耳

不待授於汝斷無向其督財請求而不肯指教之理要在汝肯用功與
不肯用功耳今汝時讀醫書並善請教之人屆今成就為全國
第一即其證也今病痛已去精神不多久便可復原辰下思歸念切倚閭西
安寄即便設備屆期當定達知於汝也另付安之妹公函則即特
函至要此示

祖瑞甫書

月四號

啓祥長孫知悉：前月予錦、及達瑜、如幫諸人均付生活費，但今未復，想係
舟車來往不便。此間地方治安漸好，余身體亦得康健，但年老精神
稍差耳。近聞廈地將移民事（即將海外移內地）前已多紛紛，我但未同離廈，故
遠。實安靖勝常，而此地米菜蔬較前昂貴十餘倍，平面營業
之人多入不供出，以繁榮街市尚若此，何論其他，惟有勤儉度日，求得平安
便足。福氣、汝兄弟年均幼稚，宜讀書。積資書尤佳，讀得到家
去不利益，此乃原執應而知其妥益者。昨付香港幣捌拾員，以拾員予汝
五姊收，以拾員予汝二姊婆，以陸拾員歸汝母家用。錢收到及舉家平
安否，臨複此達。

祖瑞甫字　四月五日

廈門協美造

長其兒知悉：本月十九號接汝寄一號信，存兩張，知汝抵杭州，行

業經收銷。舉家今年安甚，惟本月十四號再寄一函，係付寄是晚

足此信正在飯下，修模糊，甚為憂慮，經過日服藥，均須後床，惟未病

下頌近須要謹慎，蓋約翰擬於秋間聲音斷已退，此個月移方

於治後，核約清大半，而發音仍未復原，殊可慮也。老人所以期間不

待長途回家，擬替汝輩尚須在外，致此家無人照顧，分擔猶不

請病復身，尤為苦況。幸得汝婦早晚侍奉，而覓得良臣，總為自

請病後身尤為吾保幸得之婦早晚侍奉而覓得其人甚好自

歷兩月並請醫生調治望於日後維持家事今老境經歷不

堪後想命也何如惟有省破世情聊以備安度日俟之而望安懷

付之後幫紫樵任吳州郎以接吳家汝母以後接吳家汝之姆婆好

歸汝母家用此示

祖瀚堂手書 陸月二十號燈下

居祥長孙叔志：近有人來言汝母驚失引，叩夜御余々，謂余須速
歸，不料汝祖媽尚未歸去，汝五舜以年老行走不便，不料廈門
業產紛久亂亡，須回家整理，不料汝等今肯再往教替々責做事今
前所瞻命處齊勸々急日夜一一施行，但以近今世界無一片乾淨土安
須無時不能清偷安，近日便是大大福氣，否則者其今佳照顧何
滴死者。現海面船舶危險萬狀，英國商輪艾波號經中水雷沉
沒，搭客及辦事人等一概死亡，何從寄往。卯去廈門業產糾紛，汝若
得收稅，隨便如收，雖難收亦有成就。是但若有人要與汝，可々寄存
處。惟所三房努從前有收回，厝今亦屢次詢及，竟未照復。今者世界

處惟有三居舁從前有以函到舍前庸次詢及之未照復今者世界
紛紛無論何地方大家都有依無住處理亦無從計料殺也至教兒孫一
節余年雖老無所敢忘特以途遙遠阻礙甚多老人斷無冒險之
理即冒險安抵家鄉亦係亦無費生問題在外洋衛衛亦稍平靖
實去尚在不堪設想余以為廣處久居稍有所發亦即速返可免否此恢由
中國銀行付去港幣捌拾元之六角三毛到可照收以拾元交母三姆
婆以拾元交汝母餘以餘歸家用余為汝論一書名為長其（取詩經長發其祥由諱字）
為居壽諱一書名為舜其（取古人堯舜之義）此係居有家信寫此紙可照收存刻碑印
可刻長其二字（刻不用以此字名免姓乃用姓若大書乳名別於後日再論）此達
孝塘叻示 八月二十晚
覆信信內信須均寫孝塘方不致誤

啓祥長孫知悉本月二號收汝電信言寄欵均收已照收甚慰
內云風水已不能進行并云銀之貶值值亦世界經乱實之久
何慘付去袁頭白銀伍拾員 計功幣改刮即以壹員為二姊 日收號
婆以伍員交汝五妹以餘歸家用余前患了經夜乃整理年
山縣葉惟德應稅事併諸事設法剝銷就屬稅六百抵家費以
日接每月寄一幫任國地方不景氣据政府調查每十天也理須
七號收盤余收入錢減且寄款亦損失殊大也葉惟德對於交應
稅事殊未取巧汝要將寄余信時即囑其親為收為程不宜係代 由其子經

從事孫要取回汝妻所寄余條時（要手續）即囑其親身收取但不宜係代

遞（佐）候直年撥將條直寄內文紀但此間條為一張條限信元甚爲太

重找此間我家信內（汝）或於去年保險由信局寄廢了如本外平安免

介此示

祖瑞甫字　七月十二號

啓祥知悉閱汝赴廈後書該地非平安區域且船隻往來不
便曾傳上為佳昔因汝有需費數多前月中狀及十七曾寄交汝
祖父生辰及忌日祭特付來港幣當何或撥其此即以為捐費交汝
三姆當何負予安作此次開費余此間中入經大困某處人民難以安居
學業全球如此不勝感慨余處此而如有一日交通不便經驗遊纔
子欽第叢交來發查區期紙為能具書來安也第長論何種紙
田須操持須復收存豐年以應不時之需非遇虞而在平時因其閱
係此等急需則甚難備至今因前此日本寄來備需共若啓此

係以臨急所致，則若先備至今日，前此日本寺早備，實其若悔此

以聞在外身體衰弱，不能耐勞，怕此艱遣，汝處候時但言家事，外事

不可深述，此囑

章塘叻寄

八月廿四午

舊曆七月十日

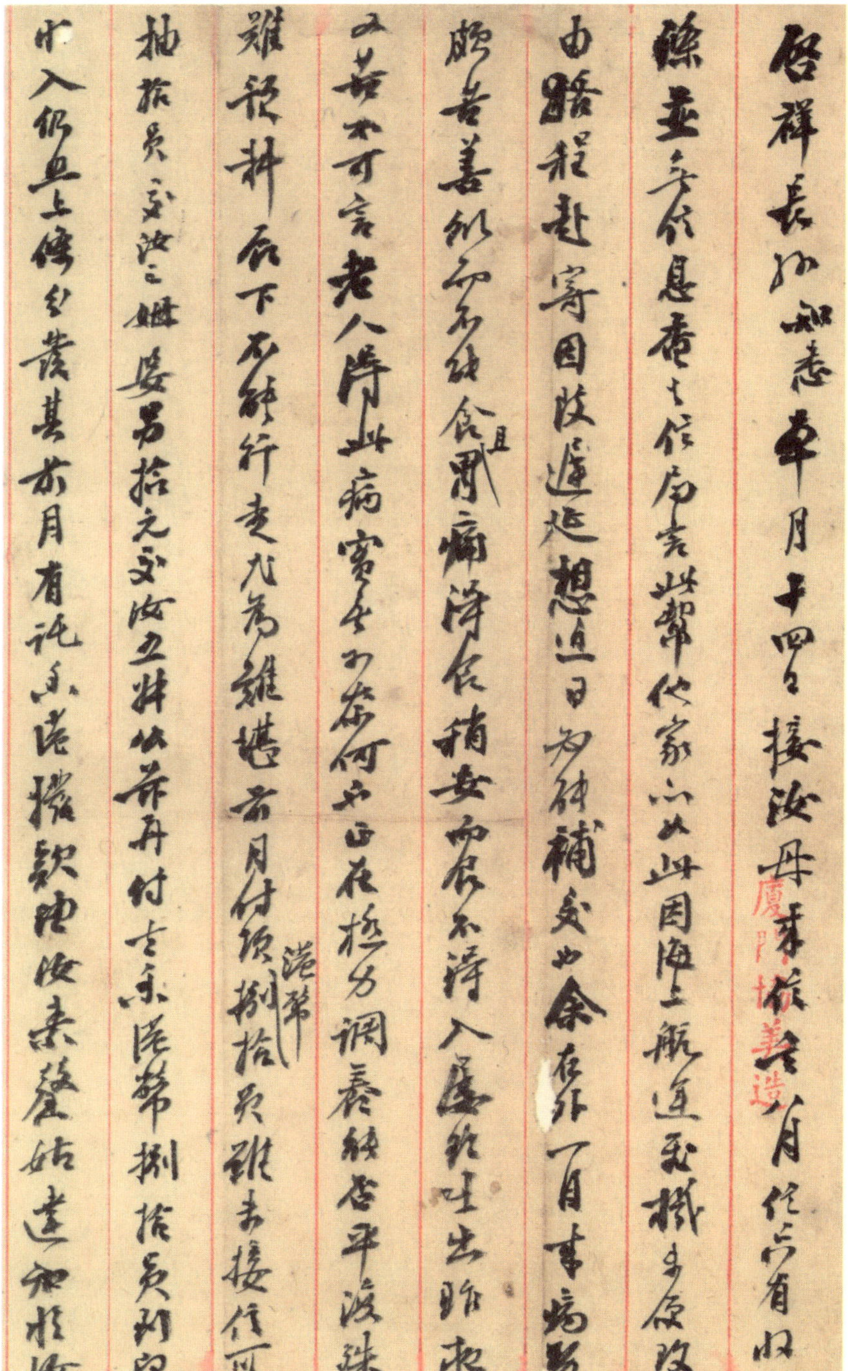

啓祥長孫知悉：本月十四日接汝母來函，月信亦有收

孫並年假息養之信，函言此番伙家亦以此因海上航道不通，未便改

由陸程赴寄，因故遲延，想近日當能補交也。余在外一百事煩勞，

胸部善飢，而不能食，且胃痛，得食稍安，而夜不得入睡，能吐出痰液，

又若不可言。老人得此病，實無可奈何，只在於培養調養，能否平復殊

難預料。目下不能行走，尤為難堪。前月付領捌拾元（滬幣），雖未接信，可

抽撥貳分汝之姆婆，另撥元與汝，又料必無再付去，來滬幣捌拾元到即

收入你母上海之處。其前月有託來滬撥款，俟汝來發始達知於汝

收入納並上繳，至於其亦月有託泉匯撥款，皆汝來發落，姑遂聽於汝

經收接留並復為是。此示

祖瑞甫手書 九月十八號

書成因得早病，告未寄。本早吃酸水，大吐，並腸痛甚，不能食（饑甚）。有人云非醫學家言，似大

年剪患此症，用胡椒根尺餘，與約罐（洗淨）燉豬腳節服三次，即可除根。午后買食之，果然大效。方係

秘方之靈效也。查此症西醫謂之胃廓張，無一藥治，療須一二個月。我國醫書雖有此症，而效力

動須數月甚至難效。余以八十老人，僅數日不能食，而身體猶難支持，再遲延日久，將何堪乎？

故幸有此奇方，隨食隨效。午后便吃一稀粥，至六点半未食，尚不饑不痛。再服一二次，諒可

除根。先此報告汝，俟再詳。此信可令啓彝送與其母公閱之可也。

啓祥長兒知悉：七月十三號去信壹封，并匯款，諒已收入，甚慰。凡
小事不慎，非先以至糾紛，余屢付伍村屢屢，受甚累累，竟不出余所
料。以作事不精細細，以後須仔細審察。以銀錢拮据，匯去，即以
擲與。交三妹婆收回餅錢，拮据或有可收作家費，新的房租有錢，能否
印霞汝患疥瘡，至年終何尚未來信，但不言及自身，並痛或息痛
否？此婦非汝也。余有驗方，可速照方列服。此症春在家乃十年後，痊亦有
說。汝目前將來，汝須要立辦，以讀傷寒書已要，命在的過日收入，格外注意
也。三三婦讀醫書已被診斷，此回伊胞兄有一子過房，要依經向政府
立字。念之須多花錢，老年以多累命，必何及於此，總須修自為佳

至字念汝須多珍攝老年以多累命必何必較此總須修自爲佳
余在廈所存醫書甚多前子欽來往亦寄存義經處前此據有云
汝何已為華年每年一定回複均見汝處讀之函信到乃知汝之詳公爲
抑藏於汝之祥公寄往也義經處明亦有
盛源書略寄回乃安而要在家平常余亦可備如此寄書余處十年
精神如續惟實在不及故與汝須知之在外宜安定家庭無農
須常衣菜蔬或蔬菜等以更需要進補至要余在廈存的書目調
（天約四十年少食肉數故得健康此係集園公載有詳究）
養均要是故更生疾病印云年十有時發生者少病亦不多食
菜蔬及蔬菜等亦隨充汝須細之此示

祖鐵松書

十月一號

八月一號

祖瑞示書

治痔腫方 洋參一錢 新竹乾一兩 鷄妹仔一隻 合燉至鷄爛服甚效

痔瘡神方 三仙丹[illegible] 新炮甲[illegible] 冰片[illegible] 共研末收痔洞

香油抹爛痔乾搽

又方 火卷二郎 硫黃[illegible] 明礬[illegible] 同麻油煮濃布包

搽患處極效

如痔瘡潰爛至臭延久不愈者可用一服即愈極驗

硝[illegible] 黃丹[illegible] 白胡椒[illegible] 烏金紙布[illegible] 燒灰存性 鳳凰退 燒灰存性[illegible]

合研細末調麻油搽

席珍次婦知悉　胃前接手胃十六日信所云各情均悉

長孫赴廈讀書，以年屆十五歲，使育入學并受軍事訓練，

爲國家斷不可少之要也。所云有十五信未到，此信會如交來第給，

說弟汝承接清楚，自無失落者，有別其銀行回執，此處寄日

經接及十月底所有由中國寄信，珍查遠不可誤，此可已接

受銀每付之港幣捌拾叁元，寶到即接收，以拾元交汝之媳（被多領之款也）（第三）

婦歸家用。此間地方不大靖，數月前城會金森被炸未受傷，

其諸事機關在手行記。三十三條卷已破獲，據八男一女，安此期間如

共諜事機關存手所記三十三條悉已破獲據八男一女分此期間處
暑去一片乾淨土余思歸省物因搭輪不便亦可如何也今年直
精神大不如昔進款亦薄前月西有機會即速歸去滿意然
仿佛去家危以僑甫為主此間政府倒禁甚嚴每人每月五隣
寄助幫肆拾但負多則盈禁三四年及一萬貝只四利金并
與達知此復

皋壤寄 五月五號

麻珍二婦 青及 昨接汝前月十四日福信、並匯項已收接、甚慰、惟
是農曆六月六日、乃汝 祖媽忌辰、昨再寄去港幣捌拾員、此即
專收以應 祭祀之用、并撥拾員交汝之姆收入爲要、惟六月廿三日暮
寄去之信、諒已收接、前信錄去錢及察外平安免介、此信乃余所寫、此
後若有要他名義寫信與汝、應照信內姓名、後信亦可寫余名、至切切、傳
聞國內會議、將調查兄家神 主、未知有是事否、若有可復
信來知、各列羅列、諒可免提起、此示、

瑞甫 助寄 六月六日午

再者早閱南洋商報、金廈殆非安善住居之所、汝前何爲
令祥孫往廈就學、如可否回同安亦入民政府統治下、似較平
允、可遵信令回家爲要

席珍二婦女知來信備悉，一切兩次霞信所節取
郵信非銀行及信局之信，想因失落，後[illegible]混全
因身體多病亦不暇查考。收由汝之件，信內付去諸幫
僑措資由金鍊發到印內，入一併霞信爲定。余胃部
肌肉瘦若，精神不見十分，飲食亦少，近日多睡，人覺
調養。此三日間病勢覺輕，仍未愈也。老人惟賴力補養
一至於此，年來此間尚不留養，偏在餅酒，此方營養不佳
安矣。吾於再努力，希望漸次平善也。此復
同山示　九月四日諭
到新九月廿三日
由亞叔轉來港幣陸拾元

庠珍二媳收知：前所寄信由中行附去者多已得復悉。自八月十四日起由信局寄一幫，九月十四日寄一幫，據八月所寄之信詢查子欽携交款項，囑令柔發備港幣陸佰交居祥有無接及銀，以理會中行收寄銀信，此會委義黃已均有電復單，可免置議。信下幫由信局匯寄者，應詳細覆信，或另函申信局寄來亦可。今前月十四日出言所患病狀，計二十餘日已痊可，但老人患此等病，至今飲食尚未照常，身體困倦，步履艱難，老病雖恢復常態，一正於此，大約再一星期或者可以全愈。收付之港幣捌拾員，計即查收，以拾員交汝三嬸，拾員交汝五嬸，餘陸拾員歸汝家用。餘無別及。此達

同山叻字

十月四號

……國幣

……作文也爲 瑞甫字

余到叻洲事多去氣候特熱要爲使醫務日有起色

大抵到公館診病者爲多鄙之里地方亦有到館問藥者可見之

人學習事業須有學問有經驗方有作用如汝生平不能變通讀醫

書日久仍如一無所有余甚苦之潘姪游手好食終日懶惰殊太不該如此

行爲必終身受苦設余不支持家費則此等人直乞丐耳余生平勤

儉到老不倦是以能養成學業后如潘姪乞丐肖經已出現余已老矣

此後彼及身衣食將何所倚賴破產爲乞丐其可得乎人何以爲乞丐一則

無職業無本事二則懶惰不肯學習職務肩不能挑手不能提

無職業，亦本事一則懶惰不肯學習職務，看不能挑，手不能提。我舍弟所以

前已函致矣，亦據汝五叔來函云錦章為游姪弄壞，意在收盤此項紙

店，已成老號，似此殊太可惜，再行整頓，未知長侄能否擬寄壹式件

呈國幣添本金五萬圓，一可藉之肯事從中監督印務，經亦可在

該號學習生理，此式件令國幣抵叻紙不過叁佰元，在余擔負

殊輕微，而于經營可在其中求一生活之路，照此辦法殊覺完全。

汝可將此信與之拌商量辦法可也。若再寄十國幣伍佰足

到，即蓋余印，移領以充家用，此宗款專任君之用，由汝母斟

酌主裁，送伊多少米費油費。戰區因殊困苦也，在外平安，免介此字。

父 鵬字

六月廿四日

受風浪之苦，實屬可憐，何如汝早時不作家事，致不曉世事，年紀長大竟不知經營為何物，甚至汝自身應做之事亦不能打點，汝母有病，汝亦不能擔憂，且不知孝養，致累爾母一氣成病，予今痛甚，汝且不計及。汝兒子長大，其應讀之書，應教訓，應供養者，皆為人父應盡之職務乎。從前余之計畫，先建業產，為汝等異日衣食之需，今因地方危亂，業產失敗之，無分文可以收入，即令該業不至損壞，以此亦難復舊觀。念及此，惟有自身有本事有技藝者，不致飢寒，否則到衣食無可倚靠，若何困苦。念及此而不勤謹作求生活之路，豈人情耶？余老矣，在世界將無多時，非不欲永久庇蔭兒孫，實勢力亦有所難到，不能庇蔭，付汝之衣食將何從出乎？只速自發奮覓工要，至於添娘

要奇往到不能庇蔭，付汝〻衣食將何從出乎？失速自發，實為要。至於添娃
余在鼓浪問其祖舉件迹，總非為人子弟之道。且游手游食，既不能讀書，又不
能習職，如此舉動，將來為流民，為乞丐，為盜賊，已發見規模。今二月四家財
耿帶來廢讀書，而伊不肯歸，伊母亦不甚同意。余親見此情景，亦難看破
家〻成而不成，子弟〻要規矩而不規矩，莫非有命。總而言之，到汝來銀若
時，方知悔悔不已。及此更同現可漸性，如走提入危局矣，虞總之。伸此時局結
術安。汝為業事，惟科派或所時有，汝勘辦前再備多少，實付應用為要
並觀安否。老人病後，又需補養，惟鶴妹最好，在後而母並能身體而思此乎
丹宗哥之和仔已於昨晚來鼓，不通知，也併未遇，弟之足印。
又瑞筆
十月六日燈下
親筆速和為是

志曰未接到注下港幣柒拾元業已收到，惟余係電匯則非是。查余於二月廿六日寄此款時確有寄信，信叙出係□信云靜生店甚詳，竟至遺失，殊不可解。惟從前寄信未協發出，此封次收信未必能到，故亦須寄郵政，已有人封次失落矣。從之余二月十五號（日是記）寄中國銀行款港幣捌拾叁員零，另有寄信於郵局中，並有查及二月廿七號所匯款信局之信，大概近日當能收接。惟自政府後信函款項均同寄在一處，所以收據當有先後，想交款以或再擱郵政局之信需未機緒，此次匯款未函清，信未能接到款項，令汝可提出捐員之

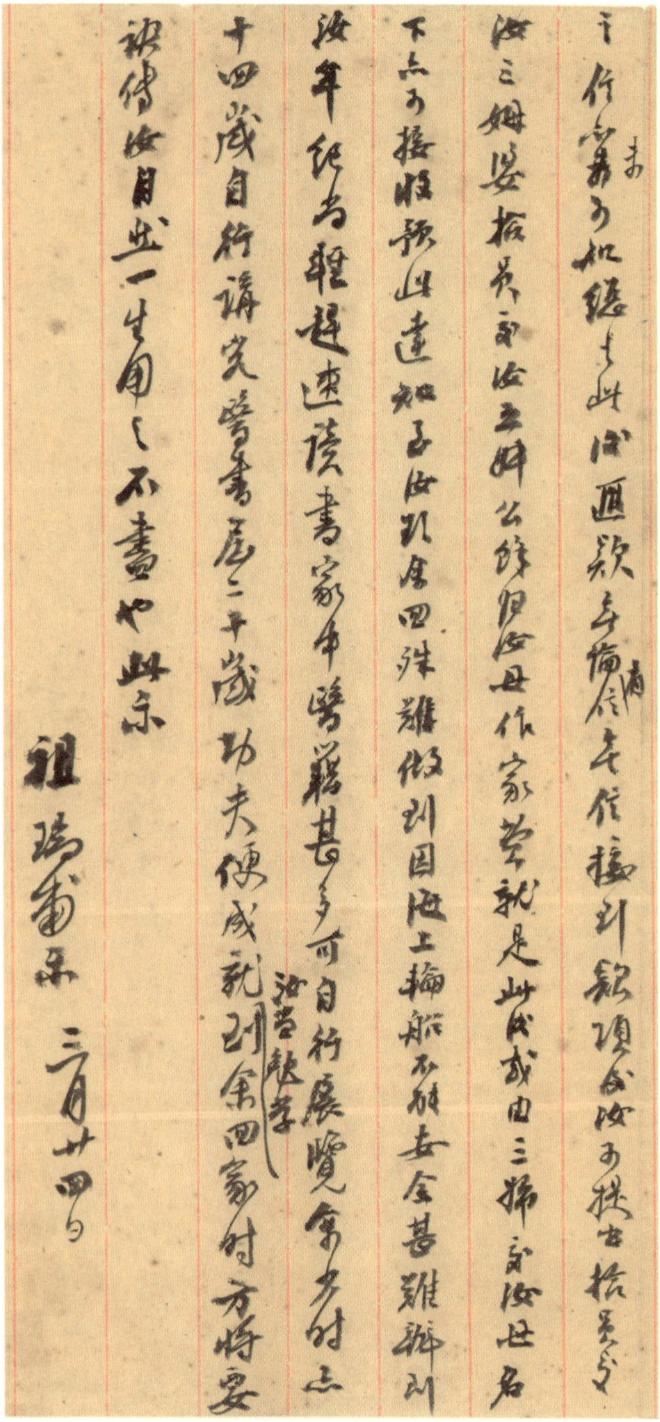
〻行業可以繼〻此間匯款至倫敦作擬到銀項給汝可採去捨其〻
汝〻姆婆接其前汝之母公館與汝母作家業就是此後或由三嬸前汝母名
下亦可接收銀此達知子汝現在回洋雖做到回汝上輪船不願安全甚難辦到
汝年紀尚輕趕速讀書家中醫籍甚多可自行展覽當立志
十四歲自行講究醫書至二十歲功夫便成就到余回家時方將要
秘傳汝目此一生用〻不盡也此示
祖 瑞甫示 三月廿四日

湘珍次媳知……來信廈門

有接汝代余擬……要包須委任書紙且須有社團介紹……

今社團保證一事大家均甚慎重頗覺費手且須俟開會改為

難保不多延時日殊覺不便昨已發通辦理另由醫師公會分別辦

及閱內甚有在本省相傳自形通過即就醫師公會我國後此

保證余老矣病近四月足不能行身體抽痛音斷歷書苦楚艱

難然有三紙保證書寄來到即宜速寄來到可照辦且須請[行長]閱便

將來如何辦理收付之證券等據俟有到即以式樣[員]要送便請以五

婿所可辦理收付之諸帑，第按照見到即以式按買區便婿以五
按位是將九契據振影，但將業主、受典、找立契據影上手契免
振，我家既有房屋安在息振，今此次向佃承出字一併振影，其宅角
一大廳一房屋一進，下均係我父手置，當時因痛無義，其實非為
承建置此，此幫澳收回全屋契據振影，使多振數張，此乃公業，九
內一件以便各家少後此業由之，弟前已自辦回至印，我之弟自創
之業，亦不務振，藉成此家應年有要可備用也，將此特達，知之
勿視作等閒此達

附字分就內封寄使婿

瑞甫手書 七月廿號

一分左右　接汝復信言及此病之碍病原所自未可一樣普
通今喉症咽痛之時有愈是否之處但腰痛股痛左腿痛
且疲瘦不能行動出遊于地獄者要的老年人于長壽也男人
風水既設法調查值此時間隨便安葬有帶為主念依前年
念汝也如不發用權寄印再備寄現洋入銀錢減但救急仰
賴吾利濟之力俾能得平安從前我大跟甚怕有老病矣
其料甚艱勝任之接算後佛出家殺免罪孽有處故也
此無動錢盡放心前途又何處不要支付從來命而已此逆
兄瑞甫手書
九月二十號

[illegible]素
……及信可再查查瑞隆如未照分即要信来
……安印由子该函催照分是否曾亲往其函发既往件当照要为要
保价此时机一脉脉隔音书迟滞乎外洋来往信是一样哉
可慨也并再由中国银行寄去壹百元此次银行单可抵乃交吴珣甫名义
砚堂伯或　如有人赴泉州买货係可折用银由同安商号换收
五弗
國幣查账易易如已收入柯达（係交家用）康代来　如日前叶朝贵四月来
声有寄按员交伊母亲用一二百需经照分要回信附可照款
乃收後通知手续为是其前厦门各笔据继续收存妥当勿致
失落为要再此单乃汇交与吴珣甫须珣甫盖印方有效力另一单
壹百元同期船再寄单乃交与瑞甫尔母有收到余之印改日捡出再印
可也此示

父瑞甫书谕寄
十一月十六
旧历十月二十日

于右時覺
二人氣血衰弱且滑滑之病後失於調補去歲余派專丸劑
服此種藥助以藥力固無不可但須食血肉有情之物較有益余書囑汝
食雞鴨或豬肚豬腰等類未知汝肯聽余言否汝生平對於食物但
知給予子婦或購書服飾而自己卻不甘食倒置如斯令人不解平心而
論汝今年尚七十世界已漸非我有惟依依模糊見長得多文錢乎汝生
平有些好衣亦不肯穿什襲珍重以畀盜賊所去是誰所謂衣裕積衣
飲食有何利益之要故特函汝之意擬一字九單送去訓汝養服可也前月
廿四日余曾由二婿文偉再寄一百元付汝家用想經接到覆信可卜也我
尚秩序教書為僅堅來兩塊亦不如家之責任故諸自人均平安家中想
亦均安時事不佳汝總宜與欲身護為要餘無別及順候
近佳
瑞甫謹復 甫言

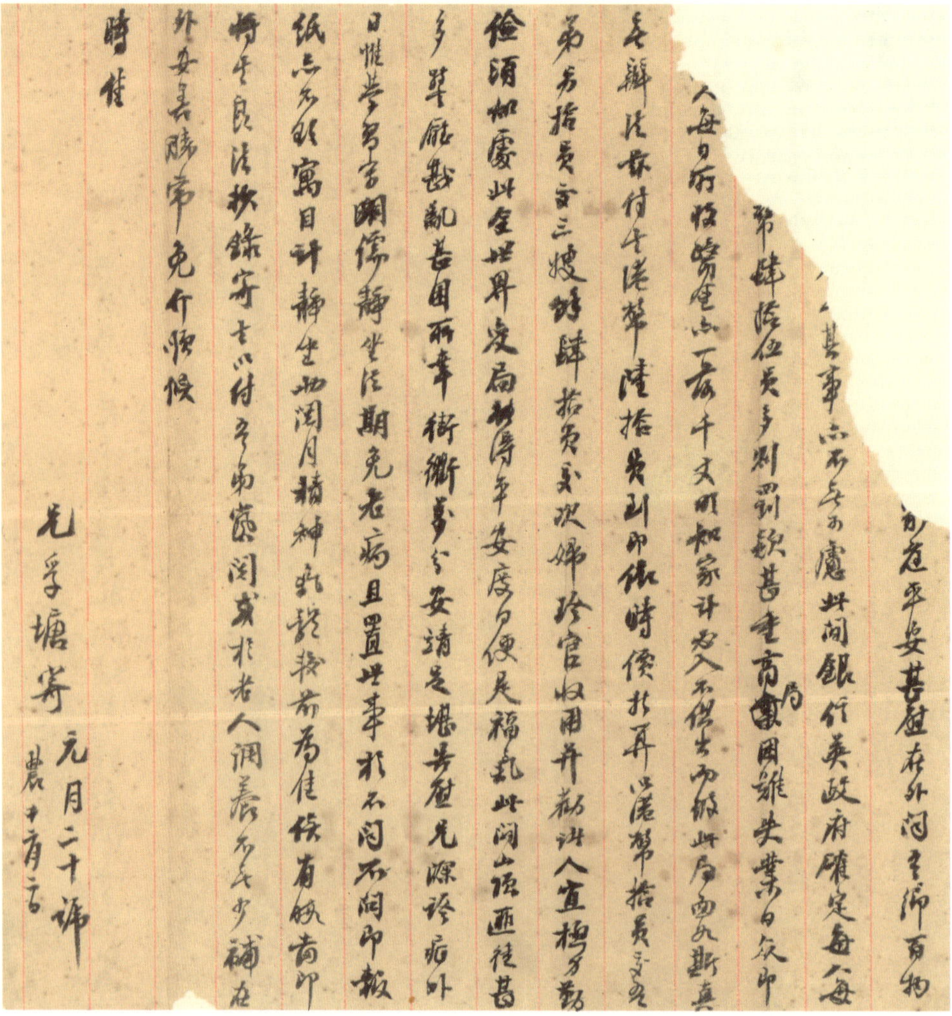
[illegible]道平安，甚慰。存外問之師百物
[illegible]甚事，亦未無可慮。此間銀行英政府確定每人每
第肆港位更多則罰款甚重，香島因難失業日衆，即
人每日所得僅得一二千文，明知家計必入不敷出，而較此局面又斷真
無辦法。欲付與港幣陸拾貳元，即依時價，於再以港幣拾貳元
第另拾貳元三嫂，轉肆拾貳元交次婦玲官收用，并勸該人宜撙節勤
儉。須知處此全世界變局，能得平安度日，便是福氣。此間山後邇往甚
多，幸能戡亂甚固，所幸衛衛多多安靖，是堪告慰。兄深珍病外，
日惟學步字閑，修靜坐法，期免老病，且置世事於不問不聞，即報
紙亦多不寓目。計靜坐已閱月，精神氣體較前為佳，後有飯菌，即
將奇良法抄錄寄去，以付弟細閱，或於老人潤養不無少補。在
外安吉勝常，兄免介懷。候
時祺
兄孚塘寄
元月二十號
農十二月言

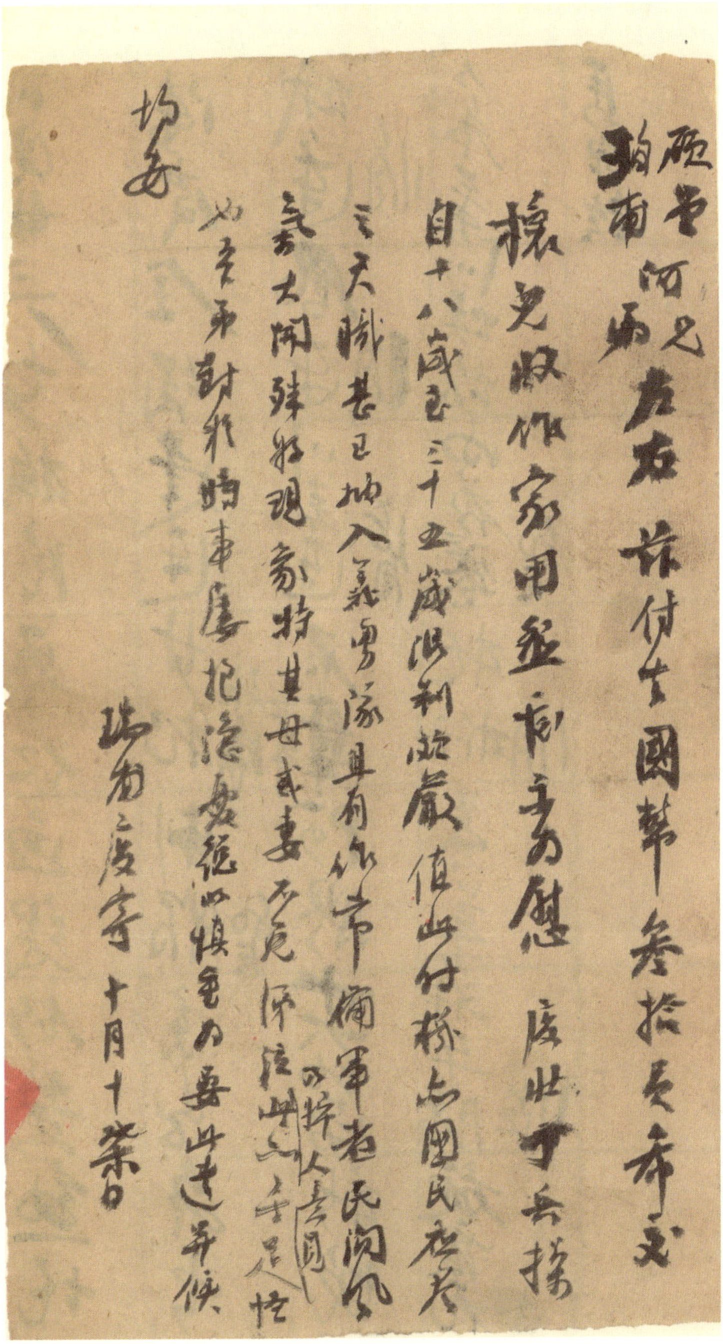

硯香河之
璵甫兩兄左右：茲付去國幣叁拾万元，
請兄收作家用，並前來函悉。度此弟在操，
自十八歲至三十五歲限制極嚴，值此什務，凡國民應盡
之天職，甚且加入義勇隊，具有作常備軍老民閱之
義。大閑殊稍現象，特其母或妻不免從旁注此之（以許人員亦堪全恪）
如是弟對於時事應抱隱憂，從此慎重為要。此達，并候
均安
瑞甫之度寄 十月十八日

兼炎病氣集，兩目火了，至今所未嘗之苦境。

此間政府前者作局陰，每每月須索助帮肆拾伍元，館都難寄出，因將實況託可靠朋友由廈將交紙在廈出紙註所手而交迴此廈。如須坎港幫帮各件矣，政接及即請填寫收單付與幫寄余方能再之結束。今日此了同之徽，政府要緊設施，力扶病規畫，讀其法帝有如會今甚心也，設有每費半央似需費以產病贏體，如是力應付。余現行動甚困難，俟恢復時，不久如不通，懶自嘗之，艱難所以已紹作所望也，此達

瑞甫書 八月廿五晚

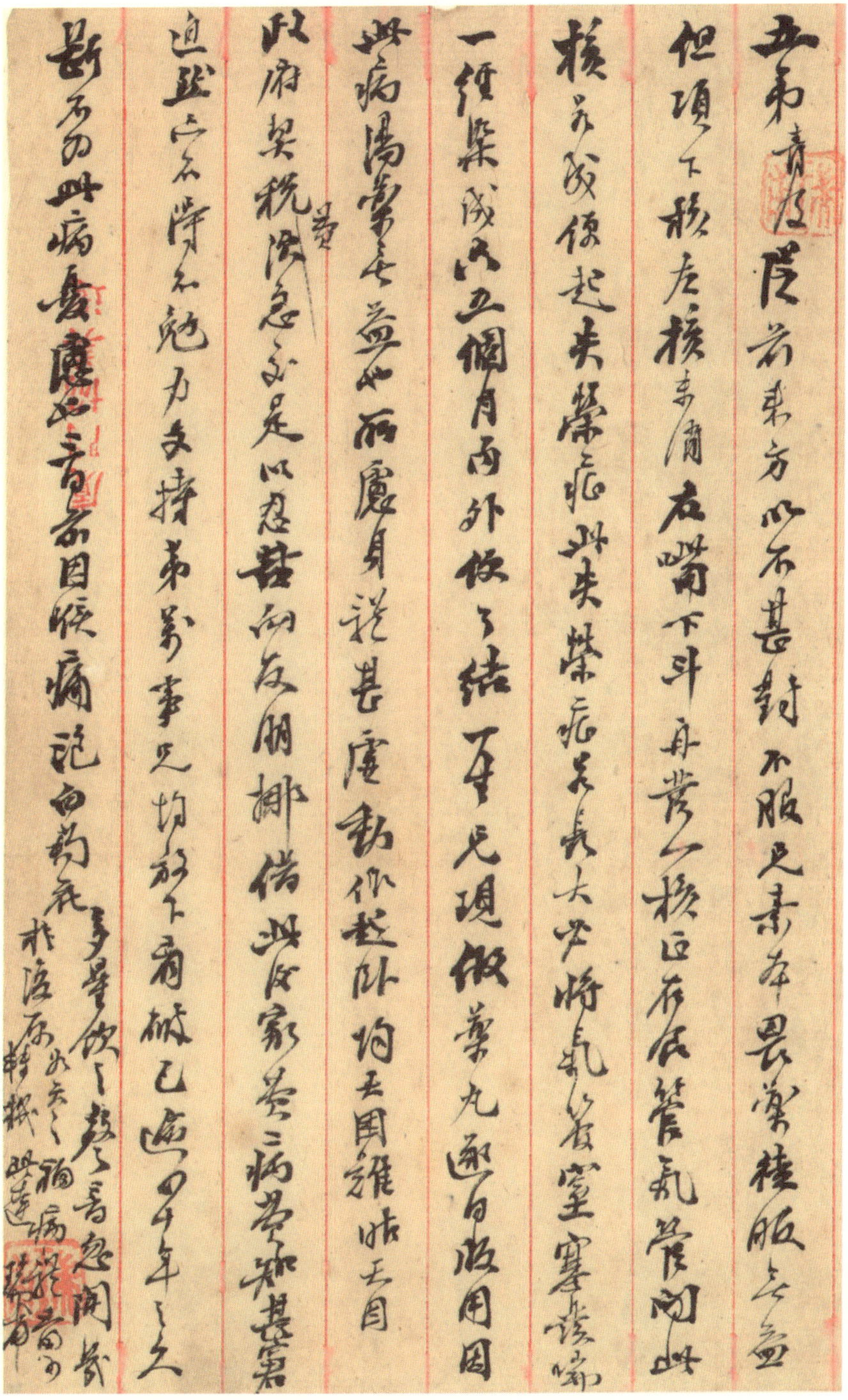

五弟青友覽：前來方以不甚對，不服是素本畏寒，桂服无益。但頂下核、左核未消，左嘴下斗舟黄之核已存在管氣管間，此核前發係起夫榮病，此失榮病其長大必將氣管塞壅諸嗡。一經柴成，此五個月内外仍了結。再足項假藥丸，邇日收用，因此病湯藥无益也。兩處自覺甚痛，動作起卧均无困難，惟无目[illegible]。政府契稅催急，不足以想，兹向友朋挪借，此次家中二柄費甚窘迫，此亦不得不勉力支持。弟家事足均於下，有械已逾四十年之久，欲不可此病甚憂慮也。言亦目眩痛，記白菊花多量飲之。数了言悉閱哉。

[illegible] 瑞甫

借殊多年，留借甚多，應收之款，以致多阻滯，內地亦無，汝母仰錦令收

支。僅房點滴之徵，即此可知。去秋數月前，汝父欲覓匯寄之處

郵政不肯，銀行機關亦已在移於內地，其不移內地者，存亦閉色。

亦無機關，亦不能達，危險萬分，人皆知阻礙情形，難以言喻。昔特由

鄭子鍾處匯去（國幣）壹佰元，由祥露金鐵行或子僑借於條

寫壹佰元已匯，如他再行寫信，過數日便再匯壹佰元，此人乃子

鍾親戚，問汝及汝母亦均但過識，不能向其承接，如欵交收，或

發收單，或寫信由郵，持達原處，均可。汝生年不知疑業以

後汝父諸多異處，實之汝之將來亦有些頭緒，仍可在家

（掛牌）鋪看病，先行賜醫到汝，年方有職業，年紀長大，為事事須

鏞掛牌看病先行贈醫到汝事方有職業年紀長大為事事須
父母代為打算不能分毫支持家費試清夜自思能無慚愧
余年已老矣汝母年老身體亦不如前設一旦有意外汝將何
以目前處危及此要知振作精神從事營業當人情守汝
父年幾五十尚欲出洋謀生四年受有困苦不堪之處只因
歐洲時局緊張以致暫緩行期否則已搭輪前往矣汝父
年二十四歲亡父即歸還山奮鬥擔負家事每年匯回百餘
金方足敷用汝今年已將老於家事毫不留心看到時局
變故來源乏絕將何法以支持家用切自籌有勿自暴自
棄為要此示

父瑞甫字 閏七月廿三

…饑人快於

…業事如前對寄之國幣壹百元

…寄四員交祥恕叔收用去四員交磅費見柔叔

此乃初次同安之用千秋匀邨修作抽出式員交棠按五式員交三號五四

員交樣兒二員交恩培計共貳拾員餘捌拾員交內人收作家

用此外尚有四十二元等交在青蓮庵特撥交再傳叔大祿府祭

到同安如功地商業巽榮教之上海如無甚成見則此為負之

遺願之首且須令趁教在家閑而愉快此乃滋潤之奉求

將精神上較安處就是對安兒交有些他之前途寡矣

焉安叔非福所虞哉此知理想之談非吾兄所心許也以

是家此番無可奈何之辦中大哥安在處危時希即叙

及吾弟安先在滬兒均安并此叙之弟

闔潭均健

瑞甫庭叻大人欽對

國振昌謹寄

五月二十日

衛生學講義

吴錫璜
署簽

國醫吳瑞甫先生

醫林名宿

林國賡題贈

瑞甫吳先生最近攝影

其神奕奕
其光熊熊
蘭臺闌奧
微妙無窮
根心生色
儒者之風

受業 陳影鶴 李禮臣 敬題

生理衛生學講義序言

繫辭云天地之大德曰生生者萬類孕育之所自出也吾人受天地之中以生而盡性立命之學寓焉形者生之舍也氣者生之元也修眞之士持滿御神專氣抱一以神爲車以氣爲馬神氣相合可以長生道生之要也亦越近代歐西學說輸入拘于形質之末遂不名道生而名衛生曰清潔曰運動曰防疫曰消毒莫不確信爲能保持健康延益籌算而不知上古惟挈道生之要故能度百歲乃去今之衛生家能享期頤者幾人乎稚子弄影不知爲影所弄狂夫侮像不知爲像所侮無他狃於耳目之近而無道義之學故也況今之世界何若乎口言衛生而殺人之武器百出不窮充其弊不至舉人類而盡殲之不止殺人之術愈講愈精而猶以衛生爲口頭禪是養其一指而失其肩背之謂也林之性靜而風搖之水之性清而土渾之捲雲飛石卷水橛木天柱折地維裂日月有薄蝕之變五星有孛彗之災戾氣彌滿於大虛風雲變幻於俄頃三能明而妖氛蔽之地不危而崩竭隨之徐偃王軟而國滅魯商公懦而身亡陽處父以剛而遇害鄭子楊嚴猛而遭殃荆棘徧地銅駝滿目血肉可以橫飛身命危若朝露似惠蛄不

知春秋如浮蝣不知朝夕吾人何辜遭此毒厲徒講衛生抑末已然天道無往不復世道無平不陂鷹隼高飛而弓矢射之虎豹猾悪而姬旦驅之介蟲之悍也以堅去其甲而堅不足恃螫蟲之動也以毒制其毒而蟲亦終亡從知强者弱之基弱者强之漸顧所以處之者爲何如耳矧夫憂患乃人之所以生安樂乃人之所以死地之於車莫仁於羊腸莫不仁於康衢水之於舟莫仁於瞿塘莫不仁於溪澗戒險則全玩平則復爲問今之衛生能見及此乎衛生之道勞逸有準此廣成子之遺範也然古之聖賢神農憔悴堯瘦臞舜徽黑禹胼胝孔子無黔突墨子無煖席又何以説吹嘔呼吸吐故納新衛生家以爲吸收新空氣而不知此法實創於王喬赤松子散無方而求鹽中道之衛生也軼玄妙而後無忘物之衛生也杭澄幽而思謹守正之衛生也嬰兒不剔首則腹痛不擒痤則寖益保赤之衛生也盛暑炎蒸必藉涼風寒交冰結必處溫室夏不御氈冬不臥簟應時之衛生也見朱橘一子蠹因剪樹而棄之覩縟錦一寸黑乃全疋而燔之防傳染之衛生也乃知衛生學者爲人人固有之理道而亦人人所必循之軌道特我國之衛生由道生而來西人之衛生由物質而來此則其不同之點耳今者顯微鏡

學已盛行於世微生物之防疫檢查有加無已然據日醫渡邊熙有㫖用仲景法不必
從事殺菌而病菌自然消滅德人康德謂德醫食細菌而無恙則所謂微生物學尚非
不磨之定論又況道高一丈魔高十丈蠅鑽紙窗喜尋光而反爲光所迷奔蜂愛螟蛉
引藿蠋而蠋不爲之化宇宙間事事物物不予人以可測者甚多安能憑么微之體態
確信爲原因所繫刻今日所檢查以爲然者到後此科學進化未必不力矯前失翠以
羽殘龜以智敗其大彰明較著也究之履霜堅冰大易垂戒愼微謹小聖學所基可見
衞生亦軀命所關自不得不參今古以通其變昔伯陽至西戎而效夷言夏禹入裸國
忻然而解裳非忘禮也隨俗所宜也世界大通既盡趨於清潔消毒則公益所關萬國
之觀瞻繫焉第必舍固有精微之學術盡步武他人之後塵能否合於國俗能否得以
消滅臨時發生所不經見之疫癘尙屬第二問題故知道生之方法仍不可少也吾兄
瑞甫先生有見及此所著衞生學可中可西可經可權可儒可醫其書融會經史子集
暨中東西學說而參以己意蓋顧炎武魏默深一流人詎尋常醫家所得同日而語耶
嗚呼千生萬刼只在此生一生百年又在卻疾始能歷萬古而不磨度百年而若夢士

君子當開乾坤之隻眼窺先天之天闞人中之人竊物外之物思身後之身則衛生之道蘊與天無極區區形質之學尙未足以語此也

中華民國二十五年六月閩同安吳錫琮珣甫氏序於翠雲小舍

余序

生理衛生關於政治與學術者也有衛生之學理而非由政治以督促進行亦不無窒礙難行之處此各省會各地方衛生局之設施所由愈推而愈廣也顧僅就政治上以言衛生曰清潔曰防疫曰消毒不過數端已燦然大備而以言學理則未也吳君瑞甫奉　中館命剏設國醫專門學校所編纂衛生學講義分道生衛生二類道生以崇尚因有之道德衛生則參酌中西學說以通其變又能融會我國經史子集之有益於衛生者崇論宏議以發揮固有之道德使讀者知衛生學足以變化氣質薰陶德性養成大用人材以供　國家驅策蓋有關於世道人心治化爲不少余不禁爲之擊節而歎賞矣

中華民國二十五年六月余超少文氏序於廈門圖書館

衛生學講義目錄

少文按以上各條大端悉備總其要素有二一曰理道之衛生卽大學所謂心廣體胖孟子所謂善養浩然之氣是也一曰身體之衛生如孔子言魚餒而肉敗不食及近世衣食住行注意於衛生規則是也名孝廉吳瑞甫奉中館命粆辦國醫專校編撰衛生講義課本予細爲披閱以哲理衛生冠於篇首次則融會古今中外諸衛生學說折衷至當欲讀是書者養成高尚人格鍛鍊健全身體以保國而强種粹然儒者之言其功非淺鮮也　少文再識

厦門國醫專門學校衛生學講義卷上

閩同安吳錫璜瑞甫氏選述
男 樹萱 樹潭 姪孫 慶福 參訂

一 哲理之衛生

近世科學昌明。學新學者。動謂我國人不講衛生。其實非不講衛生也。我國衛生。純粹由哲理而講求實際。其宗旨概原於性道。故素問云。上古之人。其知道者。法於陰陽。和於術數。食飲有節。起居有常。不妄作勞。故能形與神俱。而盡其天年。度百歲乃去。可見上古惟有此哲理之衛生法。是以多享大年。非後世講求形質者所及也。素問又曰。上古聖人之教下也。虛邪賊風。避之有時。恬淡虛無。眞氣從之。精神內守。病安從來。是以志閑而少欲。心安而不懼。形勞而不倦。氣從以順。各從其欲。皆得所願。故美其食。任其服。樂其俗。高下不相慕。其民故曰樸。是以嗜欲不能勞其目。淫邪不能惑其心。愚智賢不肖。不懼於物。故合於道。所以能年度百歲。而動作不衰者。以其德全不危也。審是則上古之衛生。概根於道德。獨能渾樸恬淡。以葆養其精神。則風俗之醇厚爲之也。卽以衛生之實際論。鄉黨云。食饐而餲。魚餒而肉敗。不食。色惡不食。臭惡不食。失飪不食。不時不食。肉雖多。不使勝食氣。惟酒無量不及亂。古聖人於養生之法。大體悉備。謂之不講衛生可乎。

論衛生宜有守靜制動之學

內經云。靜則神藏。動則消亡，祝茹窮曰。其身好動。其神去。其身好靜。其神居。七部要語曰。神靜則心和。心和則形全。神躁則心蕩。心蕩則神傷。可見靜者衛生之要訣也。世人於聲色貨利。一意鑽營。一或失望。反爲戚戚。以此而喪失身命者不知凡幾。由其不知有守靜之學故也。大學云。靜而後能安。宋儒爲學。由靜字得通禪理。由禪理得窺道妙。故濂洛關閩諸書。每云惟靜故明。可知靜字之關於涵養德性者。爲甚大也。講衛生學者。能從靜字用功。便有無窮之美。李一亭先生云。人能心靜神恬。則虛靈之體。得所培養。日漸生明。其美一。凡動少則交少。不狎匪人。則無意外之禍。其美二。動少則費少。用可常足。寡求於人。品行亦端。其美三。靜則志不紛。乃凝於神。讀書必能想見聖賢心事。見地亦高。脚跟不致隨人轉移。其美四。靜則動必以理。又必審時度勢。不敢以身試險蹈危。故無妄動者。必無陷陣之虞。其美五。又吉凶悔吝生乎動。靜則周旋處少。破綻處亦少。其美六。又靜則物來順應。事過心寧。物不能傷於我。我不能傷於物。各相安於無事之天。其美七。又靜則精神收斂退藏。葆固不竭。可以致壽。其美八。此皆道德之衛生。而學者之所宜遵守也。

素問四時養生法

四時調神大論曰。春三月。此謂發陳。天地俱生。萬物以榮。夜臥早起。廣步於庭。被髮緩形。以使志生。生而勿殺。予而勿奪。賞而勿罰。此春氣之應。養生之道也。逆之則傷肝。夏爲寒變。奉長者少。夏三月。此謂蕃秀。天地氣交。萬物華實。夜臥早起。無厭於日。使志無怒。使華英成秀。使氣得泄。若所愛在外。此夏氣之應。養長之道也。逆之則傷心。秋爲痎瘧。奉收者少。冬至重病。秋三月。此爲容年。天氣以急，地氣以明。早臥早起。與鷄俱興。使志安甯。以緩秋刑。收斂神氣。使秋氣平。無外其志。使肺氣清。此秋氣之應。養收之道也。逆之則傷肺。冬爲飧泄。奉藏者少。冬三月。此謂閉藏。水冰地坼。無擾乎陽。早臥晚起。必待日光。使志若伏若匿，若有私意。若已有得。去寒就溫。無泄皮膚。使氣亟奪。此冬氣之應。養藏之道也。逆之則傷腎。春爲痿厥。奉生者少。

逆春氣則少陽不生。肝氣內變。逆夏氣則太陽不長。心氣內洞。逆秋氣則太陰不收。肺氣焦滿。逆冬氣。則少陰不藏。腎氣獨沉。夫陰陽四時者。萬物之終始也。死生之本也。逆之則災害生。從之則苛疾不起。是謂得道。道者。聖人行之。愚者佩之。從陰陽則生。逆之則死。從之則治。逆之則亂。反順爲逆。是謂內格。是故聖人不治已病治未病。不治已亂治未亂。此之謂也。夫病已成而後藥之。亂已成而後治之。譬猶渴而穿井。鬬而鑄兵。不亦晚乎。

身體之養生

善養生者。清虛靜泰。少思寡欲。知名位之傷德。故忽而不營。非欲而強禁也。識厚味之害性。故棄而不顧。非貪而後抑也。外物以累心不存。神氣以守白獨著。曠然無憂慮。寂然無思慮。又守之以一。養之以和。和理自濟。同乎大順。然蒸以靈芝。潤以醴泉。晞以朝陽。和以五絃。無爲自得。體妙心玄。亡歡而後樂足。遺生而後身存。若此以往。庶可與羨門比壽。王喬爭年。

廣成子云。毋勞爾形。毋搖爾精。毋使爾思慮營營。乃可以長生。

飲食之衛生

飲食之宜。舉其大略。當候已饑而後食。食不厭熟嚼、仍候焦渴而引飲。飲不厭細呷。無待饑甚而後食、食不可太飽。或覺微渴而引飲。飲不欲太頻。漿不欲甘酸。肉無貪肥脆。食不厭精細。飲不厭溫熱。飯無令少於麵。菜常令稱於肉。肉不厭軟暖。菜不可生茹。五味無令勝穀味。肉味無令勝食氣。滋味欲淡而和。食時當謹其度。故得飲食常美。津液常甘。身輕而不倦。神清而少睡。胸府通暢而少噫。胃脘寬舒而不脹。省解帶摩腹之勞。免食藥耗氣之失。皆目前近效也。

居處之衛生

素問玄珠曰。起居不節。用力過度。則絡脈傷。傷陽則衄。傷寒則下。養性之士。唾不至遠。行不疾步。耳不極聽。目不極視。坐不久處。立不至疲。臥不至厭。先寒而衣。先熱而解。

太上日用經曰。飲食餐完，禁口端坐。莫起邪念。世事俱忘。存神定意。眼不視物。耳不聽聲。息心內學。調息緜緜。呼吸自在。似有似無。心火下降。腎水上升。口中津生。靈眞附體。得至長生。與天齊壽。

孫眞人養生雜訣

人生四十以上。勿服瀉藥。常弭補藥。大佳。人有所怒。血氣未定。因以交合。令人發癰疽。遠行疲乏。來入房室。爲五勞虛損。少子。善養生者。常少思少念。少慾少事。少語少笑。少愁少樂。少喜少怒。少好少惡。此十二少者。養生之都契也。養性之道。常欲少勞。但莫太疲。及强所不能堪耳。且流水不腐。戶樞不蠹。以其運動故也。

二新法之衛生　天然衛生法

我國衛生之學。不講已久。以致傳染流行。各病無歲無之。所幸蒼天愛赤。仍以天然之法。助滅傳染之症。如風雨寒熱。均能有減滅微蟲之功。蓋一經風雨淋漓。已將各微蟲。洗滌不少。推之春令發恙之微蟲。不能耐冬天之寒氣。至若歲時大熱。或日光普照。則微蟲之能害人身者。恆因之而死滅。此所謂天然之衛生也。夫一歲之間。必有疾病。沿門闔境相同之一時。吳又可先生謂之非其時而有其氣。其實皆應時發生之微蟲爲之也。故僅恃天然之衛生。吾人之處塵寰間。實不免危險。則因時防患之方。安可不講乎。

空氣之衛生

天空之氣。爲人類動植物呼吸之所必需。其在人也。尤爲改換血質之原料。是氣也。充塞於天地之間。所在皆有。雖堅如金石。氣亦潛入其間。世界凡有空位。氣必充焉。視不可見。聽不得聞。而氣之充周自若。素問寶命全形篇所云。天地合氣。命之曰人。見其烏烏。見其稷稷者。是也。據西人考察。空氣內含輕淡養炭。並些須別氣。互合而成。在動物中。尤爲需要。死生係之。呼吸賴之。人身血脈運行。由肺過心。分布四體。復返於肺。出肺者爲鮮血。色豔紅。流行遍身。復返於肺。爲舊血。色瘀黑。須賴吸入之清氣。吐出炭氣。方復爲鮮血。時刻如是。方存生命。我國脩養家。有吐故納新之法。正謂此也。空氣爲人身切要之品。大缺必死。少乏必傷。睡房船艙。多人擁擠。則空氣混濁。身體便覺不安。或眼花頭暈。或胸悶作嘔。卽其據也。倘再多時少吸空中清氣。則肺病生。而血質不活。若清氣斷絕。則百體隨之而壞。是以欲免身體之患害者。於空氣之衛生。尤不可不講。

空氣中之清淨者。固能養人。而其雜有混濁者。尤足害人。今試觀日光之下。窗隙簾罅之間。其浮游往來。飛揚若微塵者。何物乎。則空氣中之雜質也。吾人一日口鼻呼吸中。其含有此雜質者。實居多數。如係腐物灰塵。便足致人疾病。况一有穢毒微蟲。則禍尤慘酷。時疫流傳。其苗實基於此。每見疫症盛行之際。人家或問疾。或吊喪。所沾之病。往往與病者死者相同。此非由空氣混雜中之傳染乎。氣非清潔。無論如何雜質。皆能致病。故知吾人居處。須天氣清。養氣盛。便能壓制微蟲。而免受其害。西國創立醫院。必擇郊外清幽雅潔之地。正爲此耳。

地土之衛生

衛生家之所謂土者。非僅指泥土而言。凡地球上或沙或石或山。皆土也。其分別處有形式高低平坦。及潔淨污穢之不同。所以擇地建屋。不可不講究該地之土。是否潔淨。或鬆或實。或水多。或鬆沙。最爲切要。若土鬆氣可藏。水可入。若水多地必溼。若鬆沙太多。水氣可入。微虫即從此而生。微虫既生長於其中。別種生物。尋微虫而食。日久死生必多。變爲穢物質。則成不潔之土矣。且土最易生賤物。如毒苦蒿草。易招微虫聚於其中。由賤物微蟲之多。生死物亦必多屯聚。最易霉爛。化出臭味。變成穢氣。若屢聞之。便足生病。而有害衛生。故瓦礫堆積之地。人工塡平之鬆土。穢土築成之屋地。爲害最烈。因此土已變汚穢。不潔之質。多在其中。易招微蟲麕集其內。加以不潔微蟲之來侵。發生惡氣。冲起屋房。運入屋內。呼吸間一吸此毒入肺。終能遺害。故不如不用此地爲妙。且不但立地建屋。宜擇潔淨之土。卽砂泥磚瓦灰木石各料。亦宜擇潔淨之質。可免穢氣發生之患。

屋宇之衛生

屋宇之爲用。人盡知之。獨至關於衛生事件。則未大明瞭者。實居多數。我國舊俗。但憑地脈建築。兼取用羅經。以定方向。意以爲風水有關丁財福壽。而於最重要之空氣及水土漠然不講。此則大謬也。夫人之飮食居處。在屋內之時間最久。必須建造得宜。方有益於衛生。何謂得宜。一須納太陽之光。而不至熱度過高。二須能接淸氣入戶。俾淸新空氣時常改換，則令人心曠神怡。三須擇方向材料。令風日清和。雅潔有致。最妙者乃山水休嘉。園林清趣。足令居住之人。精神爽快爲好。切不可貪龍脈而失好方向也。我國地居溫帶。方向宜取東南爲上。西南最不合。若長向東方，。該屋由辰至午。日光直照。難免熱度過多。向西則日光由午後直照。至入暮乃已。暑天每多熱氣熏蒸。如向北。則少得日光照耀。如正南則得日光太多、常由上午九點鐘至夕陽乃息。若在東南方向。則日出始照。午後使息。故四向相較。以東南方爲最宜。緣該向雖値蘊隆。而涼飈一至。暑氛全消。且統計一年中。正南風入戶無多時。獨東南風爲多。乃知東南方向尤勝西南也。至北向。則日光太少。薰風解慍無期。夏時熱度加增。寒時朔風凛烈。良可畏也。能知氣候與屋宇相關。不但令人壯健。即疾恙亦可少除。

水之衛生

飛潛動植。非水不生。而在人爲尤重。查水乃由輕養二氣。互合而成。始由日之熱力。吸引地面上山川湖海江河池沼諸水氣。上升空中成雲。遇寒冷空氣。凝結水氣。又遇大風撼簸。乃墜散爲雨。注於地面。爲井泉所自出。吾人日用飲食。一日而不可離。然必取無雜質無微蟲無毒氣無異味。方無損於人身。餘則供盥濯滌器洒掃沐浴等用而已。凡欲檢水之合用與否。有非眼目口鼻所能辨別者。故西人必以顯微鏡窺察之。惜我華人失衛生之道。以致疫癘霍亂痢疾蟲積等症。流行徧處。皆由水之傳染而來也。或者因此遂以雨爲最清潔之水。不思未雨時。炭氣微蟲毒物。散漫空中。雨初下墜時有沾洽牽混於內。其不潔也可知。必待滂沱大雨二三點鐘後。垢穢滌蕩無餘。方足爲至潔之水。若夫井泉。則必須清冽流行。滔滔不竭。查無礦質方合用。是乃所謂地脈泉也。彼夫淺掘土面。渾如溝洫。穢汚瀰聚。色黃濁。味鹹澀。此等水用之盥濯洒掃。尚恐不宜。况供人之飲食。而有不傳染成病耶。然則以何水爲最合。曰最好大雨後之雨水。及實土之泉水。或用甑蒸出之汽水。庶乎近焉。茲將不宜飲食之水。逐條列下。

(一)久停貯不流通之死水。如池塘湖水。壅滯溝洫。與積聚罕汲之井水。切不宜飲食。

（二）經田園種植或礦場機器廠製造局流出之穢水。概不宜食。

（三）近墳墓或畜牧之所，或貯藏或流過之臭水。皆不宜飲食。

（四）泥皮淺井之水。多收納溝渠穢水。每有毒質。食久多傷人。

（五）雖深井如有異味。宜細心考察。防有礦質。故不宜食。

（六）近廚廁陰翳渠道之井水。亦不宜食。

（七）存貯日久之水。因有吸力。凡空中微蟲炭氣。皆可吸入。若人飲之。最易生病。切不可食。

（八）如水喉或乾或滿。空氣藏喉內。亦能令自來水不潔。亟應隨時考究。且水喉多係鉛質造成。鉛能化混入水。變爲鉛毒。更當詳察。

可供飲食之水列下。

（一）地脈水如考究無礦質者可飲。若鐵質些少不妨。但不宜以之泡茶。必變黑色。水內若有礦質，常飲之令人肚痛腹疾。因礦質中有小尖硬利角微屑。能刷傷腸胃內皮。且礦質每有信石硫黃諸毒物。服之均能傷生。不可不愼。

（二）長流水如瀑布山溪清水。清淨河水。自漂力足以化去汚濁。仍須用沙漏隔過。方爲萬全。

（三）大雨後之水。

（四）沙漏水。卽西人所製隔沙漏隔過之水。

（五）用機汽甑出之蒸水。宜防炭氣太多。及鉛質鐵質爲要。

辨水質四法

（一）水質不清冽。知含泥質。

（二）水味鹹澀。必有鹽質或灰質。

（三）水雖清潔。而味不輕淡。必含雜質

（四）水有酸味者。定含礦質。或腐壞生物。或阿摩尼亞。以顯微鏡窺之可見。

驗水法有三要

(一)欲驗水有無灰礦等質。先以盆盛水。和肥皂校勻。少停。若水面起有硬皮鏡面一層。則知有灰礦質也。

(二)若取水在貯樽中。三四天無變色。無生濁。無異味。可爲合用之水。

(三)水有可疑之處。或色不美。或味酸鹹。宜用沙隔淨。倘經沙漏。其可疑之點仍存。則水不可飲。沙漏有數種。曰炭精。曰散沙。曰蠲枝。近日新造之沙漏尤適用。

論食品之有關於衛生

人之生長。莫不資於食品。如機器然。一乏煤燃燒。便不靈動。人若無食。血則不足。初尚能借肌肉筋骨之血。以助行動。久則筋弱肉瘦。難以生存。食品之有關於衛生。不綦重耶。雖然。徒知食而不知審察。小則微恙發生。大則百病叢集。凡腸胃病概由飲食不宜。有以召之也。腸胃之功用若何。自幼至長之變更若何。人都習焉不察。不思人自囫地一聲而後。便知飲食。初尚未有牙齒。不能消化米肉。僅賴乳類以養生。至六七月後。漸生小牙。乃能食米漿。然其消化力尚未全備。近世醫學家立法。準於一年方可食粥。若未有牙齒。强進米肉。作殘忍不合養育小兒之法論。我國育兒。初生牙齒。便與以食。所以發生腸胃病。而泄瀉恆多。是不可不加意也。吾人自少至長。飲食須有定期。尤須有節制。方不失衛生養身之益。若徒恣口腹一時之欲。不計腸胃消化與否。抑或及時不食。飢餓過度。必致釀成胃病。作痛作嘔作脹。發生噫腐。然則飲食亦安可不慎乎。慎飲食矣。而食品之有益於人身。如何關係。尤不可不講。

茲將人身備有之質料分列如左。

炭氣十二分　輕氣九分　養氣七十二分　硫質一分　燐質一分　灰質一分

鹽質　蘇打　硝質　鉄質　鈣質（即石灰質）　骨質　合共一百分

以上所分之質。乃化學家細察而知。由各質和合而成者。

第一節　乳之原質

人之初生。飲食在乳。吸乳中之精質。方能發生智慧。玆再將乳中應有之質。略分於下。

人乳		牛乳	
水	八八	水	八七
膠質	三	膠質	四零六
油質	三	油質	三零五
甜質	五	甜質	四零二
灰質及別微質	一	灰質及別微質	一
合共	一百分	合共	一百分

乳之爲用於嬰孩。最爲有益。比漸長。尤以他物品爲宜。老人用乳以助糧食尤佳。但須純乳。倘有雜質或變味變色。飲之則有害於衞生。

第二節　論穀米原質

假如米八兩內含　膠質五錢　油質五分　漿質六兩一錢　水並別微質一兩一錢五分

米爲吾華人日食所不可缺。若烹之不熟。則質韌而難消化。故必須煑透爲妥。熟飯不可久存。一變酸味。質便腐壞。微蟲必滋生其中。勿食爲要。

第三節　論魚肉之原質

魚有肥瘦之分。肥則油質多。瘦則油質少。略分如下。

	肥魚	瘦魚
膠質	一八分	一八分
油質	六分	二分
鹹質燐質	少許	一分
水質	七二分	七九分

凡食魚須取及時而肥壯者。方有益於人身。

凡魚蝦必須於生活時烹煑而食。則鮮甜美味。大能益人。

凡魚蝦本質腐壞者。食之常多嘔瀉。難免疾患。

第四節 論畜肉

肉類不熟者不食。不易消化者不食。肉不新鮮者不食。染病之畜不宜食。自死肉尤不可食。

茲將牛羊鹿猪各肉原質比較如左。

	猪	牛	羊	鹿
膠質	一八	一七	一八	一九
油質	二二	六	六	四
水質	五九	七六	七五	七六
灰粉雜質	一	一	一	一

以上各項壹百份

凡油質多之肉。易生積滯。須煮極熟爲妥。

食猪肉之油。尤易積滯。以其難消化也。天氣炎熱時多食之。令人覺熱而多汗。隆冬天寒。食之能稍加溫煖。歐州人夏天少食猪肉。謂其品性喜穢。每食不擇美劣。且夏天微蟲發生最盛。猪多食穢。最易發生傳染病。故以少食爲佳。

用顯微鏡考察猪肉。謂其藏匿微蟲於肉絲。甚至一兩肉中。常能尋出三四千微虫。若略炒而食之。間有微蟲未死者。常能生長於人腹中。且此蟲非一百二十度之熱。不能令其盡死。若一兩肉微虫如此之多。雖藉柴炭煑熟該肉。萬一或存一二微虫未死。卽爲人害。而爲起病之原。望衛生家於煑肉時。切宜加意。

牛羊肉亦有微虫。惟較猪肉則減少。羊肉油多。仍於寒天食之爲有益。

鷄，鴨，鷄蛋，臘肉，其原質之比較如左。

	臘肉	鷄	鴨	蛋
膠質	九	一九	六	一二
油質	七四	三	五	一
灰粉及雜質	三	一	一	一

水質	一四	七七	八八	八六

以上每項各一百分。

鷄肉與鴨肉不相同者。膠質多寡之分。鴨肉多油。甜質略少。鷄肉精液倍多。於人身最有補益。食雞肉者。以幼嫩爲佳。若久畜之雞。則肌肉堅。骨節硬。雞蛋以半生半熟爲易消化。若煮至熟時。入胃須五六點鐘。方能化淨。雞鴨有疾病者。不宜宰食。當擇其精壯肥雄者爲上。其氣味亦必鮮甘。六七月食雞肉者。亦恆生病。緣夏天時微蟲毒物蚯蚓蜈蚣等。雞最喜吃。且遍搜田宅之蟲類而食之。其腹中未免多藏虫類毒氣。人宰雞而食。每沾其毒而不自覺。疾恙隨以發生。故嗜雞者。宜審察此義。

鳥雀之肉。食之亦有益。但必審其是否因火藥鎗砲毒箭射之。慮傷處隱伏毒質也。鳥雀肉腐壞。微蟲即便發生。食之宜愼。

第五節 論酒

酒之爲用。少飲能行血。多則行血過度。心房用力急速。逐漸腦部貯血過多。遂失却靈覺。而名之曰醉酒。若少飲之。可助周身運動血脈之益。惟嗜酒者。每受其害。讀小雅賓筵一章。可以知戒。

西人造酒。每用菓子汁釀成。如葡萄酒性純美味甘香。飲之益人。其酒中亦多養生之質。若威士忌沒蘭地類。酒性猛烈。不宜多飲。

我國售酒。如膏粱酒玫瑰露等類。近多雜以酒精。飲之過多。往往心停。或口角流涎而死。衛生家其無忽諸。

古之藥酒。以治病也。今則售藥酒者。動輒自誇補益。嗜之者。又如家常便飯。不思藥有偏性。皆能害人。何堪久飲。余生平最惡之。

第六節 論麵粉

麵粉，北人服之能強固。南人服之多積滯。以體質不同也。此粉漿質最多。每易變壞。酸味漸生。微蟲隨之而發。悞食則能生病。西醫近查麵粉中有微蟲數種。置顯微鏡中。頭脚爪牙。尖利無比。食之入腹。其爪牙最易刷損腸胃。凡諸變酸之米麵。不宜入口。各宜自愛。

第七節 論菓品

菓品成熟。其味最爲適口。飯後食之。有助胃消化之功。若飢時恣食菓品。最能傷人脾胃。凡食生菓。宜吸其原汁。不必吞渣。可免多食致生積滯。菓有香甜美味。鳥雀昆蟲。皆喜啄食。及腐壞質變。微蟲隨之發生。誤食此等菓品。亦易生病。衞生家宜於餐後少食熟菓。一可令口生香味。二可助胃汁消化之功。因熟菓每帶有少許酸質。能使胃中加增酸汁。以助胃得消化之益。

第八節 論瓜菜

瓜菜配煑得宜。服之可助胃以消化肉食。人若食肉不食瓜菜。則大腸常多結熱。大便亦因以乾燥。腎虧之人。肝燥之症。其腸胃津液絕少。不宜多食肉。須多食瓜菜。助生膽汁。以化油質。瓜菜有甜酸苦辣辛各味。和肉食之。最適口而有裨益。惟須煑極熟。勿使菜根堅質。入腹難化。致生後患。生瓜菜人每喜食。無非取其爽口。究竟無益。况若含有微蟲雜質。則霍亂吐瀉等症。常因之而發。不可不愼。

體育

體育之說。在近世以爲强健體質。爲衛生新發明之學理。而不知此卽古者舞勺舞象之遺法也。古人之學。聲音以悅其耳。采色以養其目。舞蹈以養其血脈。故孔子於興詩立禮之外。尤必以五聲八音。更唱迭和。而後爲德之成。蓋必如此方能血脈貫通。使體魄筋骸。得以聲爲律而身爲度。此乃所以涵養其品質。薰陶其德性。使之有體有用。造成健全大勇之國民。以服務於國家。裨益於社會。顧炎武先生云。天下興亡。匹夫有責。正謂其有此健全大勇之學問。方能當此艱鉅也。若僅以此爲强健體質。俾其膂力過人。乃烏獲孟賁之勇耳。於體育何所取義耶。

無已。請再進一解。熊羆虎豹。其勇力之偉大。詎吾人之所能幾。而獸性未除。縱極威猛。適以長其獰暴。而爲殺身之階。故言體育者。非徒尚强武之精神也。必先有義勇之體魄。方能成强健之國民。從知道義未健全。徒恃血氣之勇者。非衛生家也。

嗜欲

嗜欲者。人生之所不能免。但須有節制。有調攝。方能合於衛生之常軌。若喜樂過度。寢食失時。皆伐性之斧斤也。昔仲長統云。王侯之宮。美女兼千。卿士之家侍妾數百。晝則以醇酒淋其骨髓。夜則以房屋輸其血氣。耳聽淫聲。目樂邪色。燕內不出。游外不返。王公得之於上。豪傑馳之於下。及至生產不時。孕育太早。或童孺而擅氣。或疾病而構精。精氣薄惡。血脈不充。既出胞藏。養護無法。又蒸之以綿纊。爍之以五味。胎傷孩病。而脆未得堅。剛愎縱情欲。重重相生。病病相孕。國無良醫。醫無審術。姦佐其間。過謬常有。會有一疾。莫能自免。當今少百歲之人者。以所習不純正。不知衛生之調攝故也。

官能

抱朴子曰。人之一身。猶一國之象也。胸腹之位。猶宮室也。四肢之列。猶郊境也。骨節之分。猶百官也。神猶君也。血猶臣也。氣猶民也。知治身則能治國也。夫愛其民。所以安其國。惜其氣所以全其身。民散則國亡。氣竭則身死。死者不可生也。亡者不可存也。是以至人消未起之患。治未病之疾。愼之於未事之前者。不追於既逝之後。夫神難養而易危也。氣難淸而易濁也。故能審威德。所以保社稷。割嗜欲所以固血氣。然後眞一存焉。精神守焉。百病却焉。年壽延焉。

按抱朴子此言。正素問聖人不治已病。治未病之說也。此與劉勰文心雕龍。所言元神宜葆。素氣資養。大旨悉同。可見我國所講之衞生。悉從固有之道德。自然之血氣着手。乃性與天道之學也。

人之有生。氣血而已。而氣血得諸有生之初。必賴後天之食品以繼續滋養之。而後人類得以生存。故素問曰。天食人以五氣。地食人以五味。喻嘉言曰。人身天眞之氣。全在胃口。爲其消化系所關。得吸取食物之精。輸送於各臟腑。而化氣生血也。則以言衞生。消化系尤爲重要。今試就消化之各官能。類列如左。

牙齒之衛生

口，食管，胃，小腸，大腸五者爲飲食滋養身體。變化渣滓出入之門戶。而牙齒尤爲首要。以其咀嚼食物。先當其衝也。故能保護牙齒使不蛀蝕。則食品入口。得以盡其功用。胃與腸因牙齒嚼物糜爛。消化力亦因之强盛。自然不致生病。故衛生家每注重保護牙齒。稍有銹壞。遂卽修補。以其爲飲食生命之所繫也。

不潔淨及破壞之牙齒。最爲生病大原因。以牙齒一經破壞。便有窟隙。微生物遂得以生殖於其間。等到牙齒嚼物時候。微生物卽與之混合而吞入於胃裏。此種微生物。一經入胃。便能發生胃酸。腐蝕胃之粘膜。而十二指腸與大小腸均受其害。以此見牙齒與胃腸。均有重大連帶之關繫。

牙齒之保護

吾人食物。每有細屑粘連於牙縫。不急去之。則爲剝蛀齒質之原因。衛生家每吃飯後必先刷齒。正以保護其牙齒也。縱不能膳後頻加洗刷。至少晚飯後亦須洗刷一次。洗齒之牙刷。其刷毫以軟而稀者爲佳。不宜太堅而密。慮日久傷其牙磁。稍有裂紋。則銹壞甚快。卽齒粉亦須擇其精細者。若有粗糙。切宜棄去。倘無此細粉、用淡鹽水洗齒亦甚佳。以食鹽亦能除其細菌也。

牙痛齦腫、半由齒質之侵蝕而來。俗云風火痛。此大誤也。此等症最易起骨槽風。倘微蟲呑咽。口臭胃敗。猶屬輕症。

咽喉之衛生

咽喉之官能。分氣管食管二種。呼吸則啓。咽呑則閉。故食物時如因笑談之故。零星食屑。偶墜入於氣管。立生咳嗽。鄉黨言孔子之衛生。所謂食不語者。見聖人一言一動。無不有深意所存也。咽喉爲呼吸飲食之孔道、在人身扼重要位置。病則發生危險。未病之先。欲加意防護。避免喉疾。須時常以淡鹽湯或淡硼砂水漱口。又常常洗齒。并養成勿開口呼吸之習慣。庶免爲微生物所侵害。然不過衛生之法當如是。能否發生效力。尚未敢必。因近歲喉疫盛行。咽喉之病候。若白喉單雙蛾喉癀鎖喉風喉疔等不下數十種。最易觸患。且一病有一病之治法。精於喉科者確有轉危爲安。所投必效之良法。西法除白喉有實驗外。餘症絕少見效。奉勸病家。若遇喉症。切宜請我國著名喉科治之。方免危險。諺云走馬看咽喉。言其症甚急。不堪久纏。以致蔓延難愈。變成種種不治之逆症也。

音管之位置

音管者。位於喉根氣管之間。爲發音器。此管係軟骨所成。有甲狀骨一。指環骨一。金塔骨二。管之上端。附於舌根骨。其管有會厭軟骨爲蓋。此蓋呼吸則啓。嚥食則閉。故食管雖居音管之後。而物屑自不至墮落於音管中也。

音帶　金塔骨係微細小管。藏於甲狀骨之後。繫附於金塔骨與甲狀骨之間。有白色筋二。橫布音管之內。名曰音帶。音帶隨微細之肌肉動作。而寬緊粗細自如。卽聲音之高下抑揚。遂得假肺氣之力。而一一發揚於外。司轄音帶之肌肉。最關重要。稍不靈動。則音帶寬弛。遂有阻塞音管之患矣。

聲音之雅俗。而人品即於此分。故應對果抑揚得體。則措辭之腴妙。自足動人。辭輯辭懌。且足爲萬民式度。則音節之衛生。殊不可不講也。夫聲音之發。關於吉凶榮辱。爲往來酬酢所不可缺。苟肺氣不舒。營養不宜。則呼吸器中有痰沫之阻隔。其聲必嘶澀不揚。而不足以動衆。至若粗厲遲鈍。品斯下矣。故研究衛生者。必須呼吸得宜。營養適當。以舒肺氣。自無聲帶失常之慮矣。

聲音之嘶啞。在新學家。每以爲聲管發炎。而不知確由肺傷風熱。痰唾稠粘而起。若用清肅風熱之品。疏肺氣以潤其喉。俾粘痰易於咯出。未有不愈者。葉天士生蘆根薄荷瓜蔞牛蒡冬瓜子白茅根甘草之屬。輕煎服之。往往獲效。惟肺癆病音啞。爲最難治。方書雖有通聲煎等法。試用諸多無效。

胃之衛生

經曰。胃爲水穀之海。傷寒論曰。陽明爲中土。萬物所歸。可見胃之容納食物。爲水穀歸宿之處也。然胃中空虛無物。則必知飢。可知其以消化爲職也。

胃中之消化。由胃液而來。我國醫者謂之胃陰。而其變化食物。究有分辨。故不能食有二病。一爲胃陽不足。卽胃中熱力減少。不能於食時分泌液體，以致不能食。內經謂之精無俾。言精卽言胃液也。一爲胃陰不足。因食時液體減少。不足以敷分泌。故不能食。宜用酸甘發生胃液。以助其消化者是也。

胃液由胃粘膜中多數之腺、分泌而出。其狀與清水自地中湧出同。故又名之爲胃汁。胃汁含有鹽酸二質。而須有一定之量。其量適度。則胃自健康。消化亦良。若其量一乖常度。一或過多(卽胃陽不足)或較少。(卽胃陰不足)失生理上之平均。則消化力弱。而噯腐脹痛之病情。每從此而起。

胃液之功用。在以鹽酸化物。故食品中若有微生物。多爲胃汁所殺滅。以保存其健康之身體。但若飲酒至醉。或食物過多。則此少量之胃液。不足以資分布。胃遂失去殺滅害人諸微生物之功用。以此知善於衞生者。一切暴飲暴食。最宜切戒。

小腸之衛生

素問云。小腸者受盛之官。化物出焉。何以謂受盛之官。以新學說證之。卽飲食入胃。經五小時卽輸送入腸內者是也。胃旣以消化爲職。則化物又何以專責諸小腸。依近世醫學剖驗。以胃之受食。僅能腐作稀糜。精液尚未吸收。渣滓尚未分泌。必須遞入小腸。始有吸直收食物精液之管。以變化血生血。據此說。則內經化物出焉一語。在古聖人對於胃腸之消化。分別已極明澈。特古人立說至精至簡。非有歐西之剖割以爲證明。後學尚無從認識。從知小腸旣有此大功用。則腸中消化諸液體。自當參互攷證。庶於化物之原委。愈見明瞭。而愈以見內經立說之精。

腸消化液中之最要者爲膵臟。舊譯本謂之甜肉經。我國身體學無此。而以消化屬諸脾。究之甜肉經卽附屬於脾。以司消化之作用。其中有消化米豆諸澱粉質之成分。有消化肉類諸蛋白質之成分。又有分解脂肪之成分。膽汁在腸中。與腸液無顯著之作用。僅能補助甜肉汁之消化力而已。然膽汁亦有一種之奇能。乃刺激腸管。使其蠕動以助其消化。而吸收諸精液。非徒以輸送食物之渣滓已也。

吸收物品諸精液。其作用若何。蓋以其所化諸液體通過腸之粘膜。乃入血管及水脈管中。分送於全身之各部。而爲維持生命之本也。吾人既有此腸胃。以吸收食物之精華以爲安全身命之根本。則對於保護胃腸之法。自刻不容緩。一，堅硬之物不宜食。二，飲料不宜太多。以致胃腸化物之液體。不足敷用。三，有毒及變質之物。尤不可食。恐腸胃一潰爛。則吸收之機能廢絕。而日用消耗之補給亦微。必陷於肢體瘦削之狀態。而馴至於危亡。

我國醫者。每言六腑以通爲補。胃腸卽腑也。飲食入胃。吸收機能甚微。故必傳送於腸。而吸力始充足。第營養分吸收之量。總有一定。其不能全數吸收者。則必藉運動官能。以排泄於體外。助胃腸運動。以促其排泄。此正所謂以通爲補也。運動官能之實驗若何。乃由腸中受膽汁之刺激。於是腸壁發生一種巧妙之蠕動。蜿蜒曲折。一步推進一步。使穢物先輸入於大腸。以排泄而爲出路。倘此腐敗物仍舊積胃腸。則穢惡之氣上干。或頭痛或精神不爽。或熱度過高。種種諸障害。必接踵而起。故胃腸之衛生、在吾人固一日而不可缺也。

大腸之衛生

素問云。大腸者傳導之官。變化出焉。此變化二字。指食物至大腸時、變成固形之穢糞而言也。飲食入胃。其初稀薄如糜。至小腸則液體被其吸收。及至大腸絡部。乃消化而排出。神農本經謂小便能自還神化。謂其仍化爲小便也。孟子且比化者一語。指死者言。糞穢至大腸。已成死質無用之物。必排泄以使其外出。此即素問大腸傳導之官變化出焉二句之意義也。

變化二字。不僅俗子未曉。即醫師亦多不注意。不思變化即排泄之義。吾人大便每日必排泄一次。方能保身體之健康。蓋排泄者對營養而言。有營養必須有排泄。否則大便不通。腐敗物實有害於身體、衛生家不應漠然視之也。

究之大腸之衞生。宜常謀通利大便。俾一日排泄一次。有一定之規則。反是則宜多服飲料。以養成每日上厠一次之習慣。　吃鴉片之人。大便多日一次。於衞生甚不合。故往往氣體羸弱。　血虛之人。其腸液亦少。故大便數日一次。宜多服養血劑。以謀通利大便之習慣。

論肝膽

素問云。肝者將軍之官。謀慮出焉。又曰。膽者中正之官。决斷出焉。內經此言。頗難索解。然披腹心。輸肝膽。語出史記。漢書路溫舒傳。亦言大將軍受命武帝。服肱漢室。披肝膽。决大計。蜀志云。趙子龍一身是膽。唐詩亦云。身大不及膽。可見以肝膽爲謀慮决斷。已成昔賢習用之名詞。歷來注內經者。隨文敷衍。於所以然之處。亦難明瞭。今以西學證之。於理似亦可通。西說云肝於製出膽液外。更有其他之作用。例如當消化時。入於肝之血液中。若含糖質太多、肝能將多餘之糖質。暫時貯存。待消化作用畢。再將此糖質分布各處。與養氣合。以放出熱力。使全體熱度。不致因乏食而低降。是其總攬消化血液保護體溫之全局。已有絕大之計畫。則素問所謂將軍之官。謀慮出焉。借喻之精。殊非後賢所及。況更有謀慮決斷之實際處。西說云血液中若有雜質。肝能除去之。假如食物中有金類毒質。入於胃之血液。一進肝回管入於肝中時。肝能將此毒質扣留之。是其揚淸激濁。儼與將軍之除暴安良。同其性格。則素問此言。其罕譬而喻者。誠爲不磨之論。合信氏全體新論云。肝與膽同其體用。謀慮決斷。正體用相同之處也。

肝以製造膽汁也。其功用能將由血液所製出之膽汁。導入膽囊中。俾多數之血液。在肝中經過。故肝中常滿血液。色亦常紅。此則素問所謂肝臟血者。亦可借證而明。

肝膽之衛生

多飲酒者其肝必結硬。甚至肝漏血液。而成臌脹。故善衛生者飲酒恒未敢過量。論語所謂不爲酒困。卽此理也。

頭暈耳鳴。肝風上升。由肝血燥。致肝氣逆而上攻頂巓也。此際乃過勞陽升之候。衞生家之平心和氣。卽所以制肝逆也。

頭暈一症。恆因肝膽之氣上逆。其爲病必兩脇作脹不舒。以少陽經氣行身之側。環耳前後。直達頂巔故也。第非肝陰不充。肝陽不藏。則膽氣亦不至上僭。遇此者惟養津潛陽。可以理之。

怒氣傷肝。此醫者常有之名詞。而其所以然之故未悉也。嘉約翰內科。謂因腦系受病。致連累及肝盈血。恆覺胃弱不舒。向左臥則牽扯不安。向右則稍快。因憂愁驚懼過度而患此者。雖無牽扯不舒、而皮漸黃。無精神。脈緩尿濁。往往兼見。且與膽病之發黃疸。甚易混亂。因其病狀相同故也。醫學家謂宜常運動。愼飲食。戒惱怒。卽爲免病之法。魯論形容聖人之儀節。曰子之燕居。申申如也。夭夭如也。是何等氣象。衞生家最宜取法。

論心與血之關係

素問云。心之合脈也。其榮血也。可見心爲百脈之主。握全身血液循環之總司。其有門有戶。卽血管之出入處也。試將手按在胸膛前略左。便覺肌肉裏有跳動。此卽心之跳動。以逼血行於遍身也。人自有生以來。此跳動無一刻之停。以時表計之。每一瞥眼。心跳七十五次。血之經過心房者。約計一百五十兩。中人之體。以重量一百斤爲率。共有血二十斤。以每脈一動。行血一兩六錢除之。則脈動二百至。而全身之血。運行一周。爲時僅三分鐘耳。據此則靈樞所謂一日一夜。營衛之氣五十周於身。及一呼一吸。脈行三寸。周身之脈九十六丈二尺者。皆不足信。古人立言。大都有揣測處。此亦其一也。惟心與血之運行不息。此則自周秦以前。已極明晰。素問又云心主血。卽其據也。

心與血之衛生

血由飲食之各物品化成。盡人而知。倘若所用之食物不潔。血必因之受病。所以若要血清潔壯健。必須用清潔易消化之食物。俾脾胃輸精化血。以入於心。則心得所養。而循環不窮矣。

有養心之法。還須要識得害心之物。何謂最有害於心之物。則菸草，酒，茶茗是也。菸草中含尼可清。其毒本能殺人。吃菸煙者吸其毒入肺。則肺受其障礙。幸吃時用火燃燒。雖有毒尙無大害。然往往肺燥痰升。染受菸毒。肺既有此毒質。則呼吸中化血入心。安能潔淨。自然由此血管分散而及於全體。不但身體不安。卽腦神經亦受其害。且肺中得菸草之氣。每煎熬肺液。以化爲頑痰。最宜戒吸。

酒性入腦。又善入肝。故善飲酒者。往往頭痛而肝亦結硬。然其劇烈之氣。心肺首當其衝。故飲酒之人。類多痰多咳嗽。在神經衰耗者。更易引血衝腦。而有中風諸危證。至血管之受其衝激。更不待言。從知飲酒宜於適可而止。過多則心肺腦諸多患害。或惑覺肺熱。或馴致肺癆。十人中總有二三。至中風尤危險萬狀。言衛生者其鑒諸。

茶以淡爲主。可可咖啡。皆有刺激神經之效力。多服恆令人不寐。至茶茗麵尋常日用所服食。然多飲濃茶日久。亦屬有弊。考本草云。茶苦寒下行。能上清頭目。冷廬醫話。謂宜飲淡者爲佳。緣過濃則亦有刺激性。而恆起心跳。且能使心力常弱。苟跳動過急。則咽喉或將閉塞。欲望天君泰然。百體從令。難矣哉。

心力衰弱之人。患心跳尤覺難堪。曾有人於大怒之後。忽然猝死。憂思太過者亦然。是則養心之法。尤當急講

吾人從高跌下。氣血亂則精神爲之昏耗。此時切勿扶起。慮身體搖動。則血行愈促。而心體爲之不安。病變亦速。須緩一二刻。俟其心氣稍安。方可扶起而免生他變。

人身以氣血爲本。若血管受傷。致血流如注。危亡卽在頃刻。宜通曉止血各方法。無論或刀傷。或其他各器傷。血旣噴出。就要先將血管壓住。以止其血。法用大銀一錠。就傷口緊緊紮住。可令血不流出。或用一條手巾或布子。將一塊有鷄蛋大之硬物。包在手巾中。就這條手巾挪紮。緊捆在受傷之肢體上。則那塊硬物。亦緊按在傷口上近傷處。自然把血管壓住。而血自止。紮畢。方趕緊請醫生調治。免致流血太多。以致危險。

血之總論

英合信氏云。宇宙之內。一切生類。凡有脊骨者。血色皆紅。固人所共知。目所共睹。惟血中有微妙之物。則目力所不能見。西國以顯微鏡窺之。見血中有二物。一爲明汁。一爲粒子。粒子者其形圓扁如輪。中空而赤。內貯紅液。浮游於明汁之中。名曰血輪。精壯之人。血輪多。故血色濃而赤。虛弱者血輪少。故血色淡而稀。假定以千分血計之。壯者血輪得一百四十分。明汁得八百六十分。若人漸弱。血輪漸少。弱甚者血輪只得二三十分。餘皆明汁。明汁之內。又有數物。一爲蛋清。一爲肉絲。一爲肥脂。一爲鹵物。一爲鉄銹。比如明汁千分。大約蛋清得七八十分。肉絲得三四分。肥脂得二三分。鹵物得六七分。鉄銹約一分之間。皆能用法取出。確鑿有據。

璜按合信氏此說。於血中所含之質。至爲明晰。得顯微鏡之功用也。但其中所云血輪。卽血之精華。所謂明汁。卽血之液體。凡血之得以循環周身。皆賴此明汁以融和血輪。俾血之精華。不致凝結。方能運匯流行於微絲血管之中。而無處不到。血輪多者。其面色必光彩。血輪小者。其面色必㿠白。而究其所以化血之原。則在於元氣。所謂氣能生血也。血不能自運行。必藉氣以運行。氣血自和。則身體自然健壯。人之一呼一吸。即爲推促血運之大原。故氣在血先。爲問心房逼血發出。脈至跳動。則周身百脈齊應。何物爲之乎。則氣爲之也、無此氣則心房何以能開闔。周身脈管。何以能流行貫通。血輪明汁何以能和勻正等。人身之紫血、何以得空氣而能化爲淸血。從知氣與血爲人身最寶貴之物。缺一不可也。西醫於血中各質。辨析精矣。而所以生血運血之原因。尙未能澈底曉悟。不過物質文明之學耳。以言衛生、抑末也。夫太和元氣。流行四時。此天地之氣化。而人身應之。孔子之繫易也。曰夫大人者與天地合其德。與四時合其序。素問云。必先歲氣。毋伐天和。蓋言天地萬物。本吾一體。中和位育之功。正衛生學登峯造極之處。莊子曰。曲士不可以語道。拘於墟也。願世之言衛生者。體念及之。

論肺

靈蘭祕典云。肺者相傳之官。治節出焉。此相傳有二義。人身之氣。與天氣通。有天氣而後肺之呼吸。得以改良血質。即治節所自出。此其一義也。心主血。肺主氣。心房受病。則肺爲之喘促不寧。是心爲君主。肺輔相之以佐君行令也、刺禁論以父母比心肺。曰膈肓之上。中有父母。以心肺互相爲用。故尊爲父母。刺禁論比之父母。而祕典比之君相。其尊一。此又一義也。易曰。天地氤氳。萬物化醇。此氤氳之氣。即天地之生氣也。惟天地有是氣。乃能化醇萬物。雖蟲魚草木。亦必有是氣。乃能以生以育。朱子曰，氣以成形。即此理也。惟我國僅言氣。而西國則就天氣之中。分而爲二。一曰養氣。二曰淡氣。第養氣少而淡氣多。以百分計之。養氣得二十有一。淡氣得七十有九。必互相調和。始能養育萬物。故合此淡養而言之。又謂之生氣。肺司呼吸。必須有是氤氳之生氣。以改換血質。而吾人乃得以生以育。此所以爲治節所自出也。治節者調節也。肺惟有此調節機能。故能吐故納新。以養成精純之血質。故者何。炭氣也。新者何。生氣也。生氣能養人。故又謂之養氣。吾人血液流通全體。其精者化爲骨肉。其不合用者必由血而輸送於外。故血分清血紫血二種。而紫血又含有炭氣在內。脈書以一呼一吸合爲一息。西人謂呼者吐炭氣。吸者接生氣。是說也。與我國道書所言吐故納新。不謀而合。而其由肺之呼吸。以供給血液之交換。其作用當無少異。此卽治節出焉之義也。　肺既有此呼吸以司治節。則排除廢料。以成養化之功。必惟呼吸是賴。而呼吸之官能有三。曰鼻，曰喉，曰氣管。　鼻以司嗅。故能嗅各物之臭味。而呼吸之氣。與肺相通。則塵埃與細菌傳入亦易。是鼻之衛生。亦不可不講。今約舉如後。

一宜調節空氣　過寒過熱之空氣。於鼻谷組織。最易發生刺激。故呼吸時候。於天氣之過冷過熱。宜加愼重。

二宜呼吸清氣　囂塵湫隘暨臭穢之區。空氣不潔。不但有害呼吸器官。並且易生疾病。宜設法避免之。

三宜隔離病人　凡傳染病多由呼吸觸患而來。不但疫症流行。不宜接近。

即與肺癆病人對話時。亦宜相隔較遠。以免傳染。

氣管與喉之衞生　氣管位於食管前部。上與喉接。下達胸腔。分左右兩氣管。以達左右肺部。其功用以司空氣出入。及使食管擴張。則其接觸於微生物。不知凡幾。此微生物入於其中。若身體健康之人。雖有細菌。亦能抵抗。若在孱弱之時。抵抗力弱。則微生物亦最易患。如流行性咳嗽及喉疫是也。氣管咽喉既有是患。則衞生之方法。尤爲首要。茲分述如下。

一起居宜愼　起居不愼。則氣管易於傷風。而發生咳嗽。咳嗽流行之時。凡化痰淸肺諸食品。若蘿蔔蓑豆等類宜常服之。

一嬉笑宜戒　食飮時恣情嬉笑。食物容易誤入氣管。以致咳嗽。其至肺臟亦受其害。而爲肺病猝死之原因。故食時嬉笑宜戒。

一宜戒口吸　鼻司呼吸。賴有鼻中細毛及粘膜。故微生物不能爲害。若用口呼吸。則細菌塵埃。易入氣管。不但肺臟易受疾患。且爲起喉痛之原因。所以用口呼吸。最宜切戒

一預防喉疫　咽喉爲飲食之道路。此處有病。最易傷生。諺云走馬看咽喉。卽此理也。若喉疫盛行。愼勿與病人接近。且時常以蘿蔔撖欖代茶。可免喉疫。宜速延著名喉科治之。

經又云。皮毛者肺之合也。是不但肺之呼吸。能吐炭氣外出。卽皮毛亦隨呼吸以排泄穢氣外出。此所以保體溫之常度也。人但知肺能排泄血中之炭氣。而不知皮膚亦能排泄血中之穢氣。吾人皮膚出汗。不專在出氣力之時。與天熱之運動。卽安靜時與寒冷時。亦常出汗。但甚少。且逐出逐乾。以此竟不知不覺耳。

皮膚之衛生

皮膚有內皮外皮二層。且有毛孔。能泄肌肉中之穢氣。幷有新陳代謝之作用。試觀洗濯時。水面浮有皮屑。卽其據也。最妙莫如冷水浴。璜自十餘歲時喜洗冷水、屆今已行之五十餘年。皮膚未嘗一次發瘡。可知冷水浴有强健皮膚之效果。且有改換肌肉中血質之功能。　世人每好溫水浴。謂其能使皮膚鬆快。但必須助以好肥皂。以化除皮膚上帶油之膠類。若徒用溫水。效力較微。

皮膚又有分泌油脂汗腺之作用。又能變形成爲毛髮及爪甲。其隨呼吸以排泄廢物。又與肺同。故素問有云皮毛者肺之合也。可知古人於肺與皮膚之機能。已極明澈。惟其功用與肺同。故能保護身體。呼吸炭養氣。調節體溫。感覺物體之溫冷與疼痛等。從知皮膚不徒與肺有特別之關繫。卽血管神經亦有天然之妙用。今且言皮膚之衛生法。

皮膚之衛生。首重洗浴。蓋不洗浴。則汗臭油垢及塵埃等。易於阻塞汗孔，致肌肉中之廢料。仍存留在身體上。而爲種種之病原。古人於沐浴之盤。銘之曰苟日新。日日新。又日新。不徒洗滌污穢。寓有衛生妙用。且有涵濡德性之遺意在。衛生家最宜取法。

皮膚之衛生。其次重在運動。運動所以强健身體也。易曰天行健。君子以自强不息。孔子曰逝者如斯夫。不舍晝夜。大造往過來續。無一息之停。君子卽取之以爲身心之借鏡。故運動不徒使身體強健。血脈貫通。增加皮膚功能。亦即天地之大道所存。吾人之修省所係。論語於聖人之一言一動。必詳誌之以爲法。矍相之射。投壺之歌。此即古人之運動。以養其身體也。今之體育。猶此意耳。　皮膚之衛生。尤次莫若衣服。傳曰衣服附在吾身。可知衣服於皮膚。最爲密切。皮膚時常排泄污穢。其接觸污穢。即衣服也。詩曰薄污我私。薄澣我衣。即清潔衣服之意也。夫衣服不清潔。即發生蟣虱。而皮膚大受其害。然清潔矣。而不以寒暖爲增減。過少則令體溫放散。過多亦令皮膚抵抗力柔弱。均非所以保護身體也。觀鄉黨一篇。當暑有絺綌之製。禦寒有狐絡之居。即此可悟衣服衛生之大法。

肺之衛生

徐靈胎云。肺爲嬌藏。一味誤投。即能受害。可見肺之受病最烈也。肺之功用。在循環機關。所吸收之一切廢料。由肺而排泄於外。在腹中處最高之位置。在呼吸握重要之位置。則衛生大法。尤爲緊切。茲規定如左。

一，不宜吸受灰塵　肺體最爲潔淨。灰塵一接觸其間。卽入肺而生病。且灰塵含有傳染之物。接受之則爲肺癆之媒介。

二，不宜緊束衣服　肺體之漲縮。乃自然之功用。能大漲大縮。以舒肺氣。尤佳。若緊束衣服。使肺藏不能發育。則肺受壓迫而百病叢生。

三，不宜接近病人　患疫之病人其病室恆有微生物飛揚其間。肺司呼吸。最難避免。試觀探問病家之人。多染同一之疾病。卽此可見。

四，不宜欹斜坐立　坐立姿勢。如不正直。則胸部發生畸形。肺藏不得擴張。呼吸殊覺不便。暫時尚無大礙。若時常欹斜。輕則感受咳嗽。重則因空氣較少。於改換血質不能充量。遂蘊毒於血中。而發生咳血各症。故坐立姿勢。宜力?正直。

五，不宜多食煙酒　煙酒均有麻醉性。易於刺激肺藏。且心與腦往往受其大害。衛生家總以不吸煙不飲酒爲合。

論肺癆之原因

胸膈不正。肺部狹窄。至不能改換血中之毒穢。其於易成癆。既如上述。胸部正矣。而或空氣不潔。微生物之由口鼻咽喉而入者。不知凡幾。微論色慾過度營養不良者最易染受。卽身體健康之人。或因身體過勞。精神疲乏。抵抗力少。一染此菌。在肺中滋生發育。卽足以引起肺癆之病因。病菌在肺內。初僅小部份。後必輾轉而侵襲於他部。日起日重。馴致不救。病菌若滋生在頸項。多起瘰癧。設滋生在骨節。就成爲骨流疽。其患害實不可殫述。我國醫家。不知瘰癧病等卽屬肺癆。亦一缺點也。

肺癆之病狀

肺癆之狀態。不必一定咳嗽。初患時類多不知不覺。迨知爲肺病。已屬於第二期。較重時而始求醫。諸多費手。故與其求治法於肺病已成之後。不如察病態於肺癆將成之先。今且言肺癆諸病狀。一咳嗽　二吐痰　三胃口不佳不思飲食　四身體漸漸羸瘦　五不耐考慮動作容易疲乏　六下半天發熱身體極疲倦　七盜汗自汗夜間爲甚　八行動易發喘　九吐血　十胸痛

肺癆之預防

肺癆之病。近世醫學家。莫不謂由病癆人任意吐痰。乾而成屑。就攙雜在塵埃中飛揚。有時爲風所扇。或舟車經過。鼓動播揚。微生物合塵埃飛在空中。一由平人之口鼻中吸入。遂起肺癆。千篇一律。以此爲傳染之大原因。文明各國。遂有禁止在道路咯痰。以免傳染。而爲撲滅癆菌之要務。夫肺癆由痰穢微生物之傳染。確有是事。禁止咯痰。未嘗不是。然無論何病，必有其起因。其首先患癆之病人。究竟伊誰所傳染。僅以此痰菌之播揚爲主因。決非根本之論。徐靈胎云。傷風不醒變成癆。至言也。又肺癰日久。氣血衰弱。咳而上氣。亦多成癆。色慾過度。精髓枯竭。一患外感。咳嗽帶血。往往成癆。若能依法調治。使其重轉輕。而輕轉愈。則患癆之人日減。傳染亦因之大減。加之禁止咯痰以弭傳染。方爲撲滅癆菌之實際。否則防無可防。欲肺癆之不潛滋暗長。其可得耶。

依新學說。謂癆病之微生物。在幽暗潮溼溫煖之處。發生最快。所以人若住在幽暗潮溼。空氣不流動的房屋。最易發生癆病。是說亦不盡然。夫癆病以市鎮爲多。鄉村山林則絕少。試觀鄉居之人。房屋短小。幽暗潮溼。觸目皆是。甚且窗戶蔽塞。惟恐不密。空氣絕不流通。何以患癆者甚少。市鎮則洋樓大厦。光綫充足。空氣易於流通。絕不幽暗潮溼。何以癆症獨多。此何以故。竊謂市鎮之人。雖居宅爽朗。毫不幽暗潮溼。然嗜慾日深。飲食嬌養過甚。厚味生痰。慾火煎熬。痰穢亦愈固結。加以舟車經過。塵埃四起。空氣愈流通。而灰塵隨空氣播揚。愈無所不達。微生物因得隨人呼吸。以發生癆病。西人之禁止咯痰。以防傳染。正爲此故。若鄉村房屋。雖然幽暗潮溼。然村居者飲食甚淡。嗜慾甚少。早睡早起。耕作田園。常與日光接近。血質優良。山林風景。又極休嘉。所以癆症較少。此理已爲凡有醫學智識者所公認。第當疫癘盛行之際。則此等村屋。殊多未合。尤不可不注意也。

傳染之痰沫

肺癆之成立。不必盡由於傳染。而由痰沫之傳染。以發生肺癆者。實指不勝屈。吾人對於肺癆病者之咳嗽或談論。慮空氣中之噴霧。有時含此細沫之毒質以爲媒介。則呼吸間應自遮掩口鼻。以免染受。卽罹此肺癆病者。亦應自行留意。於咳唾期間。稍以巾掩口。以防他人受病。此近世所謂公德心。亦卽所謂忠恕之道也。況益人卽以益已。咳唾細沫。落在手巾中。無論何時。均可消毒洗淨。則此等微菌。不至再吸入。而使他肺受病。庶免於蔓延。而至不可救。

劇烈之運動爲肺病所忌

我國青年。步武西人。每謂運動可以强健身體。而不知太過亦能爲患。夫輕舉妄動。猛急奮進。最善傷肺。每見吹號角者諸多咯血。競走鬬力。恆患吐血。蓋用力過猛。則肺管多爆裂。而種種血病。遂因之而起。故運動雖爲有益衛生。而亦當有規則。以調勻其呼吸。俾不至耗力而傷肺。古人以樂導和。於五聲十二律。具有節奏。而總其大成。則日舞蹈所以養其血脈。是何等用意。衛生家最宜體察。

運籌決策之士。操奇計贏之人。雖其智謀較高。其膂力恆憂不足。漢高祖之言曰。吾甯鬭智不鬭力。蓋自知其膂力遠遜於項羽也。爲國民者欲擔宇宙之大任。决國家之大計。非智謀不可。而欲養成文武全器。如岳少保之精忠報國。又非有智謀而兼膂力不可。是必取聰穎過人之輩、加意體育。使其爲有規則之運動。庶幾體質較優。奇謀百出。可儲爲國家有用之人材。若夫智慧早發。胸部平坦。頸項過長。此乃肺癆之體質。其傳染肺病恆易。急宜從事體育。作有益之運動。庶望血脈調勻。本元鞏固。否則肌肉瘦削。體魄不良一染癆病。爲害最烈。可畏之甚也。

肺癆之治法

肺癆之治法。至今萬國尚無特效之方藥。惟以日光療法空氣療法最爲通行。茲錄如下。

一，患癆病者。宜多得清氣。若能晝夜常在戶外行動更好。只要不淋雨雪。不觸暴風。不晒炎日。若在樹下或晒臺或涼亭。均可憩息。近日光處尤佳。因與病人有大益。且日光尤爲肺癆病人之良藥。

一，患癆病者。宜擇地勢較高之處。因該處空氣壓力較薄。呼吸較低處爲快。卽血脈之行於皮膚肺臟者。亦較易流通。體內熱氣。較易外泄。水蒸氣之外騰。較爲豐富。最合肺癆病人療養所。

一，宜屏一切憂慮。病人既患癆病。不必憂愁抑鬱。總以看破世事。令身心愉快爲佳。因此可以舒展肺氣。怡性陶情。收却病延年之效也。若能淸心寡欲。兼學坐禪以通禪理。尤爲治病之妙訣。

一，宜謹愼保護胃腸　肺癆之人。宜多食滋養料。若牛乳半生熟鷄蛋。水菓。皆佳珍也。疏菜類尤宜常服。如菠陵菜紅蘿蔔蓮藕等。最能淸養肺體。食之每有大益。乾咳而聲不淸亮者尤宜。至如猪肉能生痰。糕餅能燥肺而性頗滯。蝦蟹能動血且起痼疾。須忌之。

一，宜常靜臥休息以養神機　肺癆之調養。固以運動爲佳。若上氣或咳血。則稍一行動。肺氣喘促。咳血亦隨之而起。須多休息。多睡眠。以安肺氣。而養神機。倘身體不發熱。肺氣不上逆。痰中不帶血。便須有適合之運動。但勿過度。俾態度從容則有益。

一，宜常洒掃以免塵灰飛揚　患肺癆之人。每不無咯痰在地上。有痰穢切宜用火酒焚之。以殺其毒。否則痰唾一乾。與塵灰混雜。難免細菌不再侵入。且掃除塵穢。不宜乾掃。須先灑以水。或以木屑灑溼鋪地。然後掃除。方可無礙。

一，服藥宜延富於學識之醫師　肺癆雖由於細菌。而氣體則有異。有無夾雜之症。宜延醫師治之。不宜任意用藥。

腎

素問云。腎者作强之官。伎巧出焉。又曰。動搖不能。腎將憊矣。可知腎氣强則機能活動。一或生病。則腰背痛而身體爲之委靡不振。此作張二字之意義也。腎在腰腔後方。左右各一。其上下兩端凸起。中間部份凹入。此凹入處名曰腎門。血管和神經。從此門出入。輸尿管亦從此門輸出。其巧妙伎能有三。一爲强固骨髓。素問云。腎主骨。又曰。骨者髓之府。是骨與腦髓。皆屬腎所主。故頭痛巔疾。過在少陰巨陽。由腎不能强固之病也。一爲吸收血之精華以復歸於血管。蓋人身有左右二腎。每一腎有兩大血管。一以引血入腎裏。一係由腎裏以引血外出。其爲血之精華。則仍歸血管。其渣滓則流入膀胱。以爲小便。方書所以言腎爲水臟也。一則具分泌之作用。人身血液。從大動脈綫流通於腎臟。經腎之無數微血管及細尿管。合成分泌作用。即將血液中的鹽類水分和廢物等。滲入細尿管。再由輸尿管流入膀胱。迨積尿充滿。遂得排泄於外。其官能至爲精妙。倘腎一患病。不能將血中穢物排出。其人精神立即昏冒。西醫所以有尿毒入血之說也。是則腎之衛生。不綦重乎。茲略述如下。

一，運動宜有節　運動固能衛生。而運動過劇烈。轉有害於衛生。以腎臟一被更動位置。或發膿。或嘔悶發熱。或小便下血。爲患殊深。欲保護腎之功用者。對於運動跳高。宜加愼重。

一，食鹽宜有制　鹽爲人身成分之不可缺。以血之成分。必須有鹽質也。但過食亦能生病。方書云鹽走腎。腎病無多食鹽。至言也。至腎水腫則尤大忌。中東西醫學家俱同此說。

一，辛烈不宜多食　胡椒薑桂芥末。都能消爍腎陰。以少食爲主。卽煙酒亦多礙腎。防腎受煙酒之害而萎縮也。有腎病者仍以戒食爲要。

一，宜多飲淨水　腎爲水藏。以濾淸血中之穢物。排泄使由小便而出也。故多飲淨水。可以助其濾淸之作用。

箇人之衛生

國家者個人之積也。個人能保持其健康。推之人人皆能保持其健康。則以之臨國家大事。決國家大計。悉惟吾人是賴。詩稱赳赳武夫。公侯干城。卽是此義。顧亭林先生曰。天下興亡。匹夫有責。言雖個人。而於國家之興亡。當有責任心也。吾人一身。旣關繫國家如此之大。則吾身之安危。悉屬國家之安危。而凡所以保持其健康。以謀民族之强盛者。悉惟吾身是賴。則對於個人之衛生。其由家而國。由國而天下者。殊有直接之關繫。玆且先言個人衛生之方法。

衛生之方法。至爲繁瑣。而其要在有規則可循。禮記內則一篇。凡鷄鳴盥漱。與夫飲食居處之微。無不畢載。雖不言衛生。而規則自可倣效。今再分別言之。

一，飲食宜以濃淡得中。富於滋養者爲合宜。尤須有一定不易之時間。

二，衣服以修短合度。厚薄適體爲主。尤當隨寒暑轉移勿使風寒易於侵襲。

三，工作以勤勞爲主旨，但勿用筋力及精神過度。致有遇勞陽升之病。

四，運動以强固筋肉。涵養德性爲主。不宜過於劇烈。致心肺腎受其損害。

五，居處以明窗淨几空氣流通爲主。尤須安詳恭敬。力除驕傲。爲根本之要圖。

六，娛樂以陶情養性爲主。總期精神愉快。不緬越於道德行爲爲主旨。

以上六端。舉其大者。若夫睡眠有一定之時間。清潔有養成之習慣。則又衛生學尋常日用。大略相同之點。亦須加以注意。

起居之衛生

魯論言子之燕居。又曰居不容。見爲人離不得起居也。孟子言平旦之氣。又曰鷄鳴而起。內則言鷄初鳴咸盥漱。見古人臥必早起。而早起必有早起之衛生也。據近世衛生家所言。以早起之人。能飽受一種新鮮的朝氣。好似花含露魚得水一樣。可以療疾。可以健身。可以養成清晰的腦筋。可以陶冶縝密的思慮。此與孟子所言平旦之氣。毫無差異。但聖賢從學問之修養言。此則從衛生之修養言。乃其不同之點耳。究之。衛生即學問也。人若能從事於平旦之衛生。則精神活潑。不但身體康强。即心思亦必有過人之處、但必持之以恆。守之以固。養成早起自修諸習慣。到了志氣清明。四體不言而喻。是乃所謂孶孶爲善。舜之徒也。從知早起之衛生。其有關於聖賢之學問。爲不少矣。

作息之衛生

日出而作。日入而息。此帝堯之民之衛生也。藏焉修焉。息焉游焉。此禮記教人之衛生也。吾人操作過勞。則精神爲之困倦。略一休息。略一睡眠。遂卽復其康健之常。故或作或止。而衛生之方法。卽寓乎其中。茲特分析如次。

語云。勞則善心生。逸則淫心生。是操勞爲吾人所必不可少之事。從古聖人御世。一則曰不敢自暇自逸。再則曰日昃不遑暇食。卽以楚莊王申儆其民。亦曰民生在勤。勤則不匱。見操作二字。爲個人謀事業。卽所以爲生民謀福利也。況操作可使精神健旺。血氣流通。而壽命亦因之保固。其爲衛生。孰大於是。是說也。證之周書無逸一篇而可信矣。周公之作無逸也。曰昔在中宗。治民祗懼。不敢荒寧。其在高宗。舊勞於外。不敢荒甯。嘉靖殷邦。是二君者。享國皆久。亦越後王。生則逸。生則逸。不聞小人之勞。惟耽樂之從。自時厥後。亦罔或克壽。或六年。或四三年。從知勤勞則血脈貫通。享年必永。逸豫則神情頹喪。福命不長。君子所其無逸。卽此理也。要之人生操作。爲事業精神所表現。最爲需要。倘或筋力不堪。至於委靡不振。毫無的興趣。亦非衛生之法。如此則節勞尤爲首務。

藏修息游。二者互用。息亦非好閑之謂也。古人流連風景。童冠與偕。即一浴一風一詠。無不有人欲盡處。天理流行之妙用。大學所謂定而后能靜。靜而后能安。以見靜則心力愉快。態度安閒。以之處事。自見精詳。有宋濂洛關閩諸理學家。無不從靜字入手。故曰惟靜故明。可見古人雖休息期間。而聖賢危微之心理。堯舜君民之氣象。無不往來於胸中。忙裏偸閒。鬧中取靜。且每臨大事有靜氣。是何等學問。學者試細心體會便得。

公衆之衛生

個入之衛生。家庭之事也。公衆之衛生。社會之事也。無公衆之衛生。縱一家庭間淸潔消毒。事無不舉。到疫癘盛行期間。終必受累。可知衛生斷非個人所能爲力。近世交通便捷。鐵路輪船。往來如織。雖數萬里之遙。傳染病蔓延甚易。則對於公衆衛生，其必加意嚴防。周密設備。以保衛人民之安全者。尤刻不容緩。所以公衆衛生者。乃以進人民於健康。謀社會之福利，而地方得以繫榮。强種强國。得以發達。莫不有直接之關係。則此等衛生之事業，範圍最廣，裨益最多。且衛生與不衛生之間。其關於國家之榮辱。民族之盛衰。影響甚大。是不可不特別注意也。

衛生之事業。在繁榮市鎮。若清潔衛衢。疏通溝路。改建廁所。開拓公園。規畫菜市。防疫注射。取締市售食物。暨旅社剪髮店。屠宰場等。俱設備周至。燦然可觀。惟醫院之創設。檢疫之規則。尙屬雛形。而未有大規模之設立。蓋因風土起居之不同。人民習慣之顯異。醫學家治療傳染病之成效。又彰彰可紀。加以親屬之觀念太重。孝第二字。久已浹肌膚而淪骨髓。誰無父母。誰無兄弟。偶罹疾疫。而謂其必離家庭。而入於傳染病院。實不無阻礙難行之處。況近世疫癘。至酷毒者莫若鼠疫。而早服活血改毒膏。恆十愈八九。霍亂病頃刻云亡。而此症確由飲食傳染。璜遇霍亂盛行時。每勸告人家。凡食物須過煑勿冷食。筷子及碗碟。須用開水洗。以紙拭淨。然後飲食。

從未有患此等症者。猩紅熱痲疹。西醫頗畏之。然用開透法。令熱毒盡泄於皮膚。不治者絕少。天花痘近因牛痘盛行。傳染者頗少。即或有之。順症固免用藥。危症逆症。依種痘新書保赤全書治之。多可得愈。病家每視為尋常。無何等驚人之處也。赤痢在東西醫。亦畏其傳染。而我國則不論其為阿米巴痢與非阿米巴痢。但審症施治。或瀉或溫。或用黃芩湯白頭翁湯加鴉膽子以殺痢疾菌。每應手取效。即以白喉變症最速。溼熱病（即腸窒扶斯）病期較久。然善治者如操左劵。有此原因及習慣。故隔離病人之法令。督促亦往往困難。究之上工不治已病治未病。清潔道路。消除病菌。正治未病之方法也、至於病後如何防護。載在後疾病衛生中。茲不贅。

市鎮之設備。既如上述。雖傳染病院限於習慣。尚未普遍。究尚無礙。最好各地方長官。宜邀富商大賈。共謀創設一完善之病院。清潔消毒。仿用西法治療設備。則中法經驗較富。經費亦較省。擇能委任。必大收效果。近歲國醫學校。各地方多有設立。再數年兼通中西之醫務人員。必風起雲湧。舉凡防疫治療各方法。必日臻完備。拭目俟之可耳。市鎭之衛生。既日臻於完善。次要者莫如鄉村之衛生。以我國目前。農村破產。農民之經濟。大覺困難。廚房廁所毫無整理。住屋諸多蕪穢。偶有疾病。求神問佛。一染疫癘。死者載途。徒付諸無可如何之數。情形殊堪憫惻。似宜於鄉村人衆較繁殖之處。多設衛生分局。並附設農民醫院於局中。以省經費。請 國府令飭地方長官。召集農村家長。集資捌設。以各地方學校畢業醫員任之。蓋舊時醫學家。思想太舊。於公衆衛生大法。未嘗理會。何從整理。若醫校畢業。則衛生事件。均有傳授。自能竭力宣傳。俾大衆公曉。且農民醫院。既附設其中。辦事人員。可以兼職。經費亦可大可小。依照農村經濟。逐漸進行。以次推廣。自屬輕而易舉。茲擬訂辦法。以供採擇。

衛生局務可分三科 第一科。局長兼醫員一人。 宣傳股一人。 文牘兼庶務一人。會計由文牘兼職。 宣傳股每月舉行一次。但衛生運動屬義務職。

第二科任清潔之調查及清道各事宜 第三科任防疫及調查死亡各事宜。並於村外設病室一所。以隔離病人。　以上三科。皆統轄於局長。隨鄉村之財力以爲斟酌損益。各科辦事規則。由局長另訂之。倘設施未能完善。農民醫院。則斷不可少。

農民醫院組織法　農民醫院。雖不必如市鎮設置之完備。但當視其財力如何。經濟較裕者。規模力求美備。惟辰下鄉村經濟。大都困難。外觀無庸壯麗。不妨就舊式房屋。略爲改造。總以合於衛生爲要。院內的組織。宜以國醫任之。經費較省。計可分董事一部。醫務一部。藥務一部。　董事部屬義務職。部員無定額。凡籌款及應興應革之事宜屬之。醫務部可設院長一人。凡關於醫務及改進各事皆屬之。設文牘兼會計一人。凡屬於來往公文及收費暨病人入院出院與院內進出概屬之。每三月或四月。須報告於董事部。藥務部設院丁一人。看護一人。院丁任院中之雜務。及採藥煎藥諸事務。看護以報告病狀。凡病人之熱度及分泌物若何。與夫病人之飲食寒暖的保護概屬之。傳染病室須另設於村外。不宜與尋常雜病。混合一處。

再如財力不能剏設醫院。則醫局診察所。不可不設。醫局不妨合數村爲之。因此項診療所。凡有三益。一，交通不便之地方。凡有疾病。醫藥諸多缺乏。有診察所便可救濟。二，可以援助無力療病之貧民。三，風氣閉塞之鄉村藉此可以灌輸衛生常識。綜上三端。辦理尙有困難之點。一則醫師最重。非有學識有經驗者。倘效力不著。萬難起鄉村之信用。其經驗宏富。聲譽較隆者。在市鎭尙日不暇給。欲令其在鄉村任此艱鉅。勢必不能。此則無可如何之事也。一則我國以農立國。農務較發達。蒔料亦須充足。茅坑徧設。蚊類繁生。熱瘧傳染。毫無已時。而大糞主義。幾遍全國。何能消毒。何能清潔。救濟之法。在家屋力求潔淨。在晚間則鄉村燻蚊法。亦能消毒。所以尙無大害。若論衛生各方法。以施之鄉村。尙未能推行盡利也。再鄉村治療所。每年於春秋二季。宜兼種洋痘。洋痘之益。各鄉村均已通曉。但每人只種一次。於免痘尙無大效力。總以三年種一次爲佳。

市鎭鄉於公共衛生應調查之事務

一，調查關於飲食店諸衛生事件。鄉村小店。蒼蠅畢集。爲霍亂媒介。益宜注意。

二，調查關於道路河渠清潔事件。鄉村潭窟。泥濘穢積。宜速整理。以糞其田。可免臭氣薰蒸。

三，調查關於旅店，浴室，戲園，游藝場，公園，剪髮店，諸衛生事件。

四，關於沿途販賣飲食品的調查。暨病牛病猪自死肉應取締事件。

五，其他各家各戶應辦之衛生。凡宣傳演講暨掃除糞穢各事件。

微生物之檢驗

莊子以塵埃爲野馬。可知飛塵中雜有活體之微生物。國於蝸之角。蠻觸鬭爭。伏尸百萬。可見微生物發育之繁盛。雖然。此猶昔人之寓言也。近世西洋以顯微鏡檢查微生物。稽學新編一書。靡不窮形盡相。我國醫者無此學職。對於傳染病之檢查及預防之方法。竟付缺如。以致海上之檢疫權。不得不全部讓諸習西醫者之手。此國醫之恥也。乃者國醫專校及醫學院。各省林立。

此傳染病菌之檢查。及消毒法諸試驗。確宜兼教授此科。以立衞生之基礎。雖日人渡邊熙有云。用仲景法治病。不必從事於殺菌。而病菌自然消滅。然爲治病言。非爲衞生言也。若以言衞生。則檢驗所之設施。凡醫學家固應有此常識也。

防疫

疫癘盛行。城市間傳染最易。以其人口繁多。房屋密布。一旦發生時疫。加以汽車人力車由街衢中行駛。塵土飛揚。種種足爲疫癘媒介。就中尤以傳染肺癆較疫病爲害更烈。是不可不加意防護也。防護之法。舊分霍亂，鼠疫，白喉，天花痘。赤痢，小腸熱。猩紅熱，肺炎，腦膜炎等。究之。霍亂固易死人。能慎重飲食。則撲滅自易。白喉我國喉科治法甚佳。死者亦頗少。鼠疫近雖較有治法。而此種毒菌。壞人最速。腦膜炎亦屬急性之傳染病。是四者皆爲疫病中最危最急之症。切宜以隔離病人。爲防疫之要務。若夫天花痘，痲疹。（重者卽猩紅熱）凡屬小兒。均不能免。精於此道者。最能轉危爲安。且順症亦頗多。但以慎風寒爲調理之第一方法。西人遇此症。仍主通風消毒。以至痘痲二毒。因感受風寒。壅遏於腹中而不得出。每每致死。猶之疔瘡最忌開刀。一開刀則走黃而毒愈熾。死者接踵。是二者均爲西醫治療最謬誤之點。名爲衛生。實則傷生。確不可從。若夫赤痢，肺炎，小腸熱。多隨氣候而發。依我國治法。多可得愈。傳染亦無何等之蔓延。惟小腸熱治不如法。告斃者多。是則衛生局醫學家所宜注意。似防疫當以霍亂，腦炎，鼠疫，白喉，小腸熱五者爲重。至天花痘，痲疹，赤痢，肺炎。乃尋常之病症。愈期亦速。預防之法。洋痘甚佳。痲疹，赤痢 肺炎。在氣候盛行期間。即交通不便之處。亦多發生。殊屬防無可防。茲擬公衆之防疫方法如左。

一，凡遇霍亂，鼠疫，白喉，腦膜炎，小腸熱，發生期間。當以隔離病人。實行消毒爲首要。

二，以清潔食料爲要點。凡水料牛乳冷物。概宜注意清潔。其不合衛生者。衛生局醫學家均得隨時整理。加以干涉。至肉類不潔。尤宜時時檢查。

三，滅除害蟲。蒼蠅最善傳染疫症。已爲大衆所公認。宜隨時撲滅。蚊蟲爲發生惡性瘧之主因。不易捕滅。能逐日排除汚水。則爲消滅蚊種之唯一方法。老鼠周身之蚤虱。爲傳播疫症之主因。宜設法消滅之。

公布防疫條例之參酌

國府十七年。由內政部公布防疫條例。凡屬國民。均宜奉行遵守。固不待言。然思古者太史有輶軒之採。風詩亦云先民有言。詢於芻蕘。況衞生關繫重大。尤全國國民有共同參預之責任。茲謹略攄所見。以備採擇。

本條例傳染病第一條。

一，傷寒。傷寒爲六經一定之病情。無所謂傳染病也。今試以三陽經最表面一層言之。中風症用桂枝湯。傷寒症用麻黃湯。果切中病情。一二劑可愈。以三陰症最盡處言之。厥陰經爲病。消渴。氣上撞心。飢而不欲食。食則吐蚘。除藏厥一症不治外。用烏梅丸一二劑可愈。從未見此等病有沿門闔境相同者。何得列於急性傳染病中。近世習西醫者。均以小腸熱爲傷寒症。異常錯誤。急宜改正。

二，斑疹傷風　斑疹乃四時雜感化熱兼見之外候。夾氣候之穢毒爲多。徐靈胎所謂胃熱而肌肉發斑者是也。與傷風在表。肺熱而皮膚發疹者不同。若輕微之風疹症。無關痛癢。傷風二字。似應刪去。

三，赤痢　危症甚少。輕者一二天可愈。重者或兩三星期，或月餘可愈。每起於夏秋之交。卽有傳染。亦不甚蔓延。近日醫志賀謂有阿米巴原蟲爲病。然檢查糞穢。百人中有此蟲者。僅十人患痢。且多時愈時作。成休息痢。謂之急性傳染病。似有未合。

四，天花痘　周秦以前無此症。至漢馬伏波征武陵蠻。軍人傳染。謂之虜瘡患此病者終其身有免疫性。其出痘有一定時期。三日發熱。三日見點。三日起脹。三日灌漿。三日收靨。共十五天卽脫險。我國專科。治此最爲老練。無何等之危急。卽有危症。恆於見點起脹期間。卽可察出。此症雖屬急性傳染病。然近世洋痘盛行。患之者甚少。病家小兒患此。並不驚惶。順症且不藥自愈。是天花痘到此時期。殆將絕跡。奉勸爲父母者。每三年須令兒童種痘一次。亦防疫之要道也。

五，鼠疫。

六，霍亂。

七，白喉。

八，流行性腦脊髓膜炎。

以上四症。確係急性傳染病。傷人最速。則設立病院。隔離病舍。實屬萬不容緩之舉。凡衛生局醫學家遇此等症。切宜注意。 若夫傷寒範圍甚廣。斷不宜列諸傳染病中。以致防疫進行。諸多窒礙。天花痘痲疹若依歐西防疫方法進行。必夭枉無數。因此等症。我國治法。最精最備。醫術不同。風氣不同。似不能不變通辦法。以期推行盡利。未諗世之講究衛生者以爲然否。

婦女之衛生

昔孔子刪詩而首關雎。孫思邈作千金方。以婦科居首。良以閨門爲起化之原。婦女爲種族繁榮所繫也。禮記云。妻者齊也。原屬男女平等之稱。後人不知此意。僅以嬌姿豔冶。爲娛樂之具。嬌養性成。馴至固有之智能。不克與男子同等。社會國家之貧弱。此亦一大原因也。近則國家社會。知强健婦女身體之必要。毅然除纏足之風。國府且畀女子以參政權。要使男女共負國民之責。使民族得以復興。國家得以强盛。則婦女之衞生。在今日尤爲首務。茲特分別如下。

女子在幼冲期。便要養成清潔之習慣。口腔宜常洗滌。衣服宜常整潔。飲食宜有準則。起居宜有定時。外陰部宜常以溫水洗濯。以免蟯蟲潛滋暗長。成童尤宜稍習勤勞。把外界的事物。化爲自己的智識。不獨身心活潑。得日進於健康。卽意識亦日漸豐富。以之讀書習藝。自可涵養德性。增廣技能。一洗從前多愁善感之惡習。此卽吾人提高婦女生活之要點也。

月經爲女子自然之生理。爲人種胚胎所自始。此時洗身宜用熱水。使月癸不至凝滯。以發生痛經諸病害。經來時身體微感不適。宜食富於滋養。兼易消化之物品。精神亦不宜過勞。以免損及腦力。　尋常經病。每每食慾不振。或耳鳴。或頭痛眩暈。或衝逆嘔吐。此血液不足之故。養血鎮衝。可以愈之。

妊孕之衛生

妊孕至二三月。每每發起嘔吐。俗名惡阻。輕者僅阻礙飲食。重者並血液亦多吐出。最易害身體之健康。用紫蘇葉五分黃連四分竹茹四錢煎湯服之。極效。　妊婦患痢。最爲危險。兼發熱者每致小產。卽不服藥亦恆小產。醫者治痢藥品。並不妨胎。竟屢流產。可知其流產非醫之過。病情每易致此也。患熱病熱瘧者亦然。醫者遇此。切宜特別注意。　孕婦飲食後。行動宜以緩和爲主。疾趨跳走。均所不宜。至衣服之宜寬大。居住之宜清潔。所不待言。

臨產之衛生

孕期至二百八十日。便須分娩。此時產室宜光亮。空氣宜流通。產婦所用器具。凡接觸於生殖器者。均須嚴重消毒。緣產時陰戶分裂。創傷處細菌易於侵襲。恆因發熱而浸成蓐勞。所以關於消毒各方法。均宜設備。

產後之衛生

胎兒分娩後。產婦宜扶之使靜坐片刻。兼服補身諸湯藥。以滋養氣血。如當歸補血湯等類。身體宜正臥二三日。不可時時轉側。一以防空氣襲入子宮。一因子宮收縮。不宜側臥。如側臥亦須左右互換。因正在子宮收縮期。不可偏在子宮一面。乃以防子宮之傾側也。　兒既分娩。產婦外陰部必有創傷。倘瘀血積聚。小腹必苦痛。宜以黑仙查一二兩合赤糖煎湯服之。立能止痛。且可消除惡露。以免子宮後日之潰爛。屢試屢驗之法也。　產婦經十餘日。倘子宮或有潰爛。其惡露必發生惡臭。須防大出血等危險。宜速延醫治之。飲食以易消化及富於滋養者爲合。若猪肝，綫麵。牛乳，薄米粥。鷄蛋等皆宜。食量多少。尤須合度。總視產婦胃部之消化力若何以爲斷。

嬰兒之衛生

嬰兒安能衞生。必賴父母之維持調護。方其呱呱墮地。最重惟在剪斷臍帶。倘斷臍未得法。撮口臍風等病。卽隨之而起。剪臍帶之法如何。須將臍帶離腹約長一寸許。先行紮緊方可下剪。剪後敷以煅硼砂粉。再將已消毒紗布包裹。俟六七日臍帶卽自脫落。此時切宜愼風寒爲要。

嬰兒初生。宜以硼砂水洗淨口腔。進乳時乳母乳頭尤宜用鹽水洗滌。以免鵝口等患。授乳以生母之乳爲最佳。每次授乳。亦須有一定之規則。不宜乘其啼哭卽與以乳。以致消化不良。發生腸胃等病。

嬰兒偶受風寒外感。不宜遽與以藥。因其藏腑嬌嫩。不能受藥之刺激。爲乳母者宜抱之使近已身。令兒體溫煖。濈濈微汗則諸凡外感。不藥自除。

嬰兒滿週歲後卽宜斷乳。而斷乳期間。須在春末秋初。於氣候較宜。若夏季則不宜斷乳。因夏月伏陰在內。慮腸胃消化不良。或至發生他病。

嬰兒皮膚。最易發生塵垢。宜兩三日洗澡一次。洗澡宜輕擦。以不損皮膚爲要。風日晴和時。尤宜常在戶外行動。使其飽吸空氣。以改良血質。而養成漸能忍耐風寒之習慣。

兒童之衛生

小兒至六七歲時。精神已漸活潑。身體亦漸健全。在此期間。最善嬉戲運動。而嬉戲運動。貴有規則。約舉如下

一小兒最喜玩具。而玩具色澤鮮豔者。所含之毒質愈多此項玩物不宜給小兒戲弄因小兒品性。每一玩物到手。動輒置諸口中。爲父母者急宜勸導制止。

兒童在游戲時期。手足衣服。不避污穢。且周身汗出。卽面部亦諸多塵垢。故手足頭面。宜時常洗澡。卽衣服亦宜時常更換。務要養成淸潔之習慣。

殺菌之方法

黴生物最忌日光。衣服器具。以常晒曝爲要。每歲立夏後。尤宜注意。疫症初發生時房室內以硫黃燻之但熏時衣服布疋。宜收藏嚴密。用石炭酸和水洒地。尤爲便當。如要用本國藥。可取膽礬一磅。生石灰一磅。水二斗許溶和成液卽可施用。

螞蟻爲傳疫之媒介。室內如有蟻跡蟻穴發見。用明礬和水洒室內。蟻自滅跡。蟻穴以石炭酸水洒之。蟻便消滅。

飛蠅　蠅最穢惡。尤宜撲滅。近人用蠅紙蠅廚以殺蠅。亦良法也。

疾病之衛生

衛生可以卻病。可以除疫。此世界所公認也。然讀我國松峯說疫。及西國歐氏內科學。則疫病有古有而今無者。有古無而今有者。有原因未明。無從檢查其病情之從何而起者。故以言衛生。謂爲愼疾則有之。謂其盡可卻病。則未之前聞也。況據德國哲學家康德所述。謂有德醫二人。吞菌甚多。毫不爲病。日醫度邊熙。亦謂用仲景法。一退其熱。不必殺菌。而病菌自然消滅。故近世西醫之有識者。亦云病菌之傷人。必先有特殊之氣候。不適於人體。而又適於病菌之繁殖。則又以氣候爲本。病菌爲標。是則疾病之衛生。其必以氣候爲標準。彰彰明甚。

春溫，夏熱，秋暑，冬寒。此氣候病也。人日在氣交之中。斷不能出乎四時支配之外。故身體偶不適合。而疾病卽隨之而起。所以春天易患風溫咳嗽。夏天易於傷暑霍亂。秋天易病瘧痢伏暑。冬天易染寒疾或冬溫。吾人既染受時感。一切油膩食品。宜先戒絕。衣服務取寒煖適中。除怕冷期間。及痲疹等病。應愼風寒外。病室概宜通風。俾得吸取新鮮空氣。以舒肺氣而改良血質。則時感等病。較易痊愈。醫家用對症療法。亦較有效力。至傳染病。經醫家審症屬實、凡飲食便溺呼吸器用。均宜詳愼處理。不獨防其傳染他人。卽病者自身。亦得因清潔消毒。而減輕病累。若夫病室須時常洒掃。且不許多人叢雜。又不許在病室吸煙及燒炭煎茶。以致炭氣與空氣渾雜不潔。我國病家拘於情誼。凡親戚探病。及家屬照料。動輒在牀前擁擠多人。至爲害事。

病人之被褥。宜以柔軟者爲佳。凡欲其睡臥穩適。則精神易於恢復也。每日安睡前。被褥上如有物屑。應速除去。以免受穢氣之侵襲。

病人之衣服。以寬博者爲合用。慮身體一束縛。則精神或感不適。且汗孔之排泄穢氣於體外者。恆易潮溼而有不良之感覺。其沾染汗液者。尤易發生酸臭。至二便之穢汚衣褲。尤宜立卽更換。洗以開水。洗後再向日光中曝晒。自能消毒。

病人之藥物。最宜愼重。若一日爲延數醫。方藥什投。錯亂無序。病雖輕亦多不治。近歲西法盛行。病家往往中西互用。何者爲病變。何者爲藥物副作用。每有難於確斷之處。奉勸病家。對於治法之或中或西。切宜專一。若中西藥品亂投。壞事尤速。

病人之食品。取易消化者爲佳。所用的碗碟筷匙。必須另備。稀粥順煑極爛。鷄蛋亦宜半生半熟。方易消化。凡一切食物湯藥。服時不宜過熱。以防口舌受其灼痛。至次數用量及宜忌。亦須聽醫生囑咐。方能合於病理之衞生。

論今日宜速行禁煙運動以助 政府進行

肺爲嬌藏。一吸炭氣。則能受病。微論鴉片大毒。能麻醉腦筋。敗壞血質。使人精神疲倦。釀成懶惰之習慣。卽煙草內含尼可湥。吸其煙日久。恆至肺燥痰升。發生咳嗽。甚至成癆。余自髫齡時。即畏之如酖。屆今年老。尙能氣體發達。康健逾恆。雖操勞過度。亦不甚苦。以此足證不吃煙之大益也。各煙雖能刺激腦部。尙無大害。獨至吃食鴉片。不但身體羸弱。疏懶不仁。甚至人格墮落。罔顧廉恥。失歡於父母。見嫉於妻孥。浪費田宅者有之。骨肉乖離。出賣子女者又有之。即幸而先人遺產。尙可支持。而呼吸中樞痲痺。對於消化系。飲食易滯。有便祕的困苦。對於生殖器。精氣淺薄。易致男子陽痿。女子不孕。凡諸弊患。皆足以亡國滅種而有餘。吾人何苦爭相嗜吸。以致敗其名。喪其身。直接每傾其家。間接即以弱其國。傷心慘目。固未有如此之甚也。今者 國民政府爲民除害。禁煙文告。三令五申。近更毅然督促。嚴厲進行。奈禁者自禁。販者自販。吃者自吸。此何以故。緣一入黑籍。身名俱壞。雖至觸狀刑罪而有所不辭。吾人試思一入牢獄。不徒煙癮發生。呻吟牀席。且父母兄弟妻子。亦因之脫離。甚至自身職業。亦隨之停歇。即幸而出獄。名譽一經破產。縱有薄技片長。人亦以其觸犯刑律。而多所唾棄。以敗家辱身之具。視爲酣嬉娛樂之場。窮其害不至舉家老少無所仰給。不轉爲餓殍而不止。念及此而不驚心動魄。廢然思返。抑復成何人類耶。

禁煙運動。在我國今日。較諸清潔衛生尤爲切要。凡我人民。一覩黑藉之慘狀。切宜互相勸勉。俾早戒絕。則强種卽以强國。不特人民之幸。亦卽國家之幸也。

論衛生宜先禁娼妓

我國家庭禮教。風氣休嘉。男女之際。防範綦嚴。是以染花柳毒者絕少。近則通商市肆。妓館林立。楊梅天泡。淋毒。一經傳染。不徒身受其苦。且貽害及其子孫。對於人民種族之盛衰。關繫甚大。各地方長官。其未深明治體者。不惟不加禁止。反徵收稅則。美其名曰花捐。是官署只圖一方之利益。而不顧人民受花柳毒之慘害。與飲酖止渴何異。凡我人民。急宜痛戒。須知圖片刻之歡娛。卽貽終身以無窮之患害。甚且生子不育。或育而不壽。豈非自招滅種之禍。近雖六零六注射。名爲特效藥。然僅能壓毒。而未能消毒。

不數年或眼目失明。或發瘡蝶。或發喉蝶而致死。卽或不死。亦多瘡風作痛。牀席呻吟。何苦以貴重之軀。而邀此無可解免之疾痛。念及此而不急自痛絕者非人情也。

跋

衛生學者。非徒以保身體之健康。尤須涵養吾人之德性。乃近觀衛生各書。多偏於西洋學說。而於我國固有之國粹。略焉弗詳。不思我國經史子集所言有關於衛生者不少。家嚴奉　中央國醫館命。刱設國醫專門學校。所編纂之衛生講義。多融會中東西學說。及諸子百家磨練而成。而注重於道德之衛生。此書出以之作學校課本。於世道人心不無裨益。敢以告世之言衛生者。

男樹萱謹誌

同文書庫·厦門文獻系列

第一輯

壹 小蘭雪堂詩集
貳 固哉叟詩集 寄傲山房詩鈔
叁 紅蘭館詩鈔
肆 寄傲山館詞稿 壺天吟
伍 林菽莊先生詩稿
陆 夢梅花館詩鈔
柒 寶瓠齋襍稿（外三種）
捌 甲子雜詩合刊 菲島雜詩 海外集
玖 稚華詩稿
拾 同聲集

第二輯

壹 賦月山房尺牘
貳 禾山詩鈔
叁 揮塵拾遺
肆 頑石山房筆記 紫燕金魚室筆記
伍 臥雲樓筆記
陆 止園詩集 鐵菴詩存
柒 陳丹初先生遺稿（外一種）
捌 繡鐵盦叢集 繡鐵盦聯話
玖 二菴手札
拾 虛白樓詩

同文書庫·厦門文獻系列

第三輯